许倬云
从历史看管理
增补
纪念版

从历史看领导

〔美〕许倬云 著

LEADERSHIP
FROM THE VIEW OF
HISTORY

SPM 南方传媒 | 广东人民出版社
·广州·

图书在版编目（CIP）数据

从历史看领导 / (美) 许倬云著 . -- 广州 : 广东人民出版社 , 2025. 3 (2026. 3 重印). -- ISBN 978-7-218-18161-5

Ⅰ. F272.91

中国国家版本馆 CIP 数据核字第 20242LZ335 号

CONG LISHI KAN LINGDAO

从 历 史 看 领 导

[美] 许倬云　著

出 版 人： 肖风华

统筹策划： 肖风华
责任编辑： 钱飞遥　黄佳梦
特约策划： 一道光·宋厚亮
文字编辑： 吴　丹
责任技编： 吴彦斌

出版发行： 广东人民出版社
地　　址： 广州市越秀区大沙头四马路10号（邮政编码：510199）
电　　话：（020）85716809（总编室）
传　　真：（020）83289585
网　　址： https://www.gdpph.com
印　　刷： 广东鹏腾宇文化创新有限公司
开　　本： 890 mm × 1240 mm　1/32
印　　张： 6.75　　**字　　数：** 120千
版　　次： 2025年3月第1版
印　　次： 2026年3月第2次印刷
定　　价： 68.00元

如发现印装质量问题，影响阅读，请与出版社（020-87712513）联系调换。
售书热线：（020）87715147

总序

寻找中国的企业家精神

这一套书，撰写的目的，就是针对中国的企业家，提出中国管理学、经营学的观念。我意不在为中国的文化张目，而是对中国传统的经营学、管理学发展的来龙去脉有所交代。三十年前，在撰写过程中，台湾地区的经济正在起飞，当时洪建全教育文化基金会的主持人简静惠女士，约我对那些企业家做一系列的谈话，分析中国几千年来企业界如何处理自己的问题。

开宗明义，我必须先做解释：这几本书涉及的资料，几乎都在政府组织的范畴，我引用这些材料，意在讨论企业界面临的课题。管理类似治国，而不是治国；经营类似作战，而又不是作战。管理，乃编组由专业人才组成的工作团队，俾得有效的经营；经营，乃取得必须具备的信息，了解其反映的意义，驾驭形势，有效运用资源，获得最大的合理利润。管理异于治国，因为治国求安定，而企业的团队，则必须能发挥高度机动性；经营异于作战，因为作战目的在克敌制胜，而经营的目的却在赢得最大可能的同业合作和协助，开拓最多的客户与市场，博取最大盈利。经营，必须以内外“和”谐为贵，不在克“敌”求胜。经营之道，最需顺应形势，避免逆势，以致劳而无功。盼望读者朋友们体会这些观念，从这几本拙著中撷取内涵，其运用之道则在乎一心。其实，本篇序文陈述的内容，也大多是在历史上出现过，有利于当今企业发展的情势，以及中国传统企业界长期尊敬持守的行为规范。我的讨论，既不是深文高调，更不是“武林秘籍”，只是一些平常见识而已。

长久以来，学者们都以为世界的管理学和经营学是以地中海周边为起源，发展形成了一套特殊制度。欧美挟其工业革命和资本主义经济发展的威风，席卷世界市场，于是，大家以为它们那一套管理学和经营学，乃是最先进也是最完备的。然而，从历史追溯发展的途径，这一套管理学和经营学，自17世纪以后，本身经历了许多变化，现代资本主义市场经济的企业，并不是落地就拥有完美的制度。再从别处历史来看，在中世纪晚期，迄于西方力量压过伊斯兰教时，伊斯兰世界也曾拥有强大的经济实力，其商业版图笼罩地中海到印度洋，以及大半个欧亚大陆。

再从比较近代的历史来看，日本资本主义市场经济的发展，是在19世纪后期才突飞猛进的。一方面，他们从欧美学习近代企业文化；另一方面，日本的企业界也拥有一些自己的发展特色。以其中著名的案例言之，松下系统——这个庞大的企业集团，其本身的管理精神，就是将中国的儒家阳明学与佛家禅宗的精神结合，转型为松下的管理方式。他们有一个“松下塾”，经常在此机构训练自己的干部。

中国的企业发展，有两千多年的历史。在春秋时代，五霸之首齐国进行整体的改革，将封建制的管理转化为在国家体系下的专业管理。《管子》这部书，不一定是管子自己撰述的，可能是由不同的学者，将齐国发展的历程和后来的主要特色总结集合而成的。齐国的那段经验，是在庄园经济以外开拓了市场经济（原文如此。指相对自由的商品化经济——编者注），这使得齐国的国力不是仅仅立足于土地的农业生产，而是以其国民相当部分力量投入专业的生产，例如海产和盐业，以外销换取利润，支撑诸侯国的整体发展。

战国时代，列国纷争中，诸国都想要尽可能发展自己的实力，仅仅依仗土地的收入是不够的。而且因为列国本身不断开拓疆土，也开发非农资源，以此转化为财富，用来维持国家继续发展，俾得本国在列国竞争之中争取有利的地位。这些国家，是在列国体制之下发展“国际交易”。在中国广大经济网内，列国之间既有竞争，也彼此依靠，这其实和十八九世纪以后，欧美世界领导的资本主义发展形态颇有类似之处。

战国以后，秦代以及汉初，从《史记·货殖列传》和《汉书·食货志》可以看到，以城市为基础的作坊生产、运输业和零售业，都已有相当规模。活泼的经济和都市化，两者之间有惊人的关联性。举例言之，以零售熟食为业的商人，竟富可敌国，宛若今日的麦当劳。

中国经济在汉代以后，有一个长期的停滞，市场经济转化为实物经济。唐、宋时期，中国才有经济领域的巨大变化：货币代替实物，又成为交易的主要媒介。在唐代大帝国的安定环境之下，地区间的贸易交流获得强大的活力。举例言之，这个时期，为了国内货物的交流，国家设立了专门监督和管理资源流通的转运使。宋代经济特色，乃是有一些专业的榷场与作坊。这些榷场和作坊一部分是国家的专利，一部分是由国家掌管相当部分的经营，生产的货物包括钢铁、瓷器、五金用具、茶、酒类等。这些国营或半国营的企业，拥有一批专业的管理人员和技术人员。据我一位老同学郝若贝（Robert Hartwell，美国著名汉学家、历史学家）从《宋会要辑稿》中统计，当时中国的钢铁产量超过全世界总产量的一半。宋代，尤其是南宋时期，其海外贸易的收入支撑了半壁江山，居然使南宋富足繁荣百余年。这些国营企业和半官营的海上贸易，都具有利用专才的特色，其专业的知识和能力不是一般商业可以提供的。

明清时代，尤其是16世纪以后，美洲的白银流入中国，中国地区的经济，正如欧洲经济一样，因为以白银作为货币，出现所谓“价格革命”的现象，刺激经济快速发展。虽然欧洲人，尤其是西班牙、葡萄牙、荷兰、英国的人，前后掠夺美洲财富，成为最大的赢家，中国却吸收了美洲白银相当大的一部分，扩大了内需市场的规模。

明初永乐年间，郑和六次下西洋的大局，实际上已经将中国与印度洋之间的海陆交通连接成为海上的康庄大道。但永乐以后，中国采取闭关政策，不再有官方主持的海上贸易。那些“海商集团”，乃是沿海居民自己发展的私下贸易，将中国的商货转贩给欧洲商船。当时，其实已有相当数量居住在海外的中国商人，建立了国际贸易的基地，但是明廷并不鼓励，而且还将这些商人视同海寇，加以惩罚。虽然形势如此诡异，中国的企业界还是有相当程度的肆应之道。那些“海商集团”挟其白银收入，在各处设立收购商货的据点，将货物转运到港口，然后与西方商舶交易。仅白银和官方发行的铜币二者间的兑换，就是相当复杂的经济行为。在这种情况下，明代后半期出现了许多长袖善舞的大商人，他们以政府无法管制的贵金属，兑换官方发行的铜币取得厚利，再从货物的收购和转运之中一层一层地获取利润。

明代商人，以汪道昆为例，交游广阔，其经营企业的范围跨越不同行业。很多商人也都受过相当好的教育，在从事企业经营的过程之中，他们将儒家的人际关系和彼此尊重等理念灌注于企业经营的过程。明清两代，安徽的典当铺和钱庄、山西的票号，许多都是跨越数百年的大企业。除了这种以货币兑换和汇兑为专业的金融业，清代还出现了一些老字号，各自在其专业的范围之内发展规模庞大的企业。例如，丝绸布料的商号“瑞蚨祥”、制药业的“同仁堂”和几家山西的著名票号，如“日升昌”等，它们专注于经营一种事业，可是分号遍布全国。那些零售业的大商家定下的货品标准和价格，包括收购原料、产品的价格以及零售的价格，都有全国同行追随。同一行企业设立统一标准的现象，并不受政府的约束，而是由市场本身的调节得以确认和肯定的。市场经济本身的规律，可以说已经相当现代化。山西票号和安徽的钱庄，灵活地运用不同地区间的汇兑差额，以及货币的充盈或不足，将其转化为采购货物、转运、零售的机制。它们也参与国际贸易，比如北路茶叶的外销，其终点是东欧与北欧。由于票号是专家经营，世世代代通过学徒制度训练自己的职员，这些国际贸易的经验才能够达到如此高的标准。

这些“儒商精神”，在企业内表现为重视从业人员本身的企业道德，职员忠于企业，企业照顾职员的终生。它们也注重严格的考绩，以决定奖惩。它们的企业精神以“同仁堂”为典型，“同仁堂”标榜“修合无人见，存心有天知”，以自我警戒的敬业精神，坚持专业制药的水平。这些大商家都拥有庞大的财力，它们会尽力扶助中盘和各处的零售同业，编织一个同业之间的巨大网络。在网络内，同业之间遵守同样的企业精神，保证诚信和服务质量。企业界与政府之间也有互动关系。例如，清代中叶以后，凡有国家大事，都有这些大商家接下挹注的任务。江浙的商号“胡庆余堂”的主持人是“红顶商人”胡雪岩，他就曾经承担左宗棠大军的后勤业务。

清代晚期，国家把在各处征收的税收汇集到中央，再由中央分散到地方，支付全国政务费用。这一工作并不经由类似中央银行的机构处理，而常常由这些大商号执行。官商之间的关系并不是私人利益的结合，而是商家在合理的利润之下替政府完成转运的工作。这些大商家通常都会担起地方社会福利的任务，救苦济贫也是从自己的小区开始，同业之间，他们对需要帮助的同业人员，通常给予必要的援助。

中国式的儒商精神，其实比韦伯所谓的"新教伦理"并不逊色，反而更多一些人情味。这种儒商精神并不立足于对上帝的敬畏，而是建立在人对自己良心负责之上。

自19世纪末期五口通商以后，中国一步步卷入世界经济圈。今日所谓全球化的经济，其实不是20世纪突发的现象，而是自古以来逐步产生的长程演变。在最近这一个半世纪内，中国卷入世界经济。20世纪的前半段，以沿海几个大商铺为中心，中国传统的企业家与归国留学生，以及外商的买办，彼此观摩合作，逐渐形成中国式的现代企业伦理。以我自己比较熟悉的现象为例：我的故乡无锡，是中国近代纺织业与面粉业的中心。有几家无锡的企业，虽然以上海作为发展中心，但它们的分厂和分店却遍设全国。山东、湖北的企业家在发展同样的企业时，往往从无锡的同业间借才，聘用无锡的专业人员，建设他们自己的工厂。无锡荣家的起家，是由于他们能灵活使用无锡当地的"仓厅业"（米市的存积）和加工蚕丝的茧行，将本来可能闲置的资金用于开展新的机器工业。他们将学徒制度和专业的学校训练合并为一，培养了一大批有用的干部。这些地方的从业人员有一定的家庭背景，由于家庭之间彼此监督和观摩，荣家企业的干部必须遵守一定的行为规范。他们自己从业的精神以诚信为主，求利反而在其次。他们也知道怎么利用广大的人脉编组信息网，收集世界和国内的商情和市价，企业总部得以借此决定筹划长远规划和近期的政策。20世纪前半段，中国现代化的企业已经具有自己的经营特色。上海、广州、天津的华商，其经营的层级和效率都达到了世界级的水准，无须从西方学习“现代企业管理方法”。

中国现代企业的发展，自1949年以后，也划分出两条路径。台湾地区从20世纪70年代开始经济起飞，其实依仗的并不是从西方学习的经验，而是当地企业家的长期探索。一方面延续20世纪前半段在沿海商业都市发展过程中积累的经验；另一方面，台湾地区的企业界也学习日据时期日本发展现代企业的精神。二者彼此扶掖，台湾地区才能够在不到二十年的时间内迅速地完成企业的现代化。这也使得台湾地区的经济跻身于世界经济的前列。中国大陆的经济，在过去半个世纪，经历了一些波折和探索，逐渐回到市场经济应有的经营方式。今天，中国大陆经济快速发展，也取得了傲人的成绩。无可讳言，在这段发展历程中，政府的主导是重要的因素。同时，最近这二三十年来，民间自动自发经营，已经逐渐建设出一定规模的民营企业。

在这个时期，世界经济也发生了很大的转变。一方面，由于科技发展，人们开发了许多新的资源，也发明了许多新的技术，以生产新的产品；另一方面，因应全球化的需求，信息的流动促进了物资和资金之间的流动。凡此都是全新的现象，中国企业界，尤其是民营企业家这个群体，在这方面学习的速度颇为惊人。我们可以瞻见的前途是，世界的大企业，将逐渐从“一条龙”式的经营切割为分段的转包，如此形式将有利于每一个经营的环节。会有许多专业团队，在信息流动的条件下，参与物流和全球经济的不断重组。这一趋向和中国唐、宋以后出现的现象，其实相当类似。

前述明清时代大商家的经营，同行之间的互济和一层层的分包，都是常见的现象。以当时信息流通的条件，它们尽其所能，快速地将信息传递到有关单位。它们分担风险的方式，因为同行之间的互助以及跨行企业的合作，实际上也已具有共同保险的形式和精神。以上这些发展，与中国自己过去长程发展的传统相吻合，今后，大概可以很容易地蜕变为中国式的经营方式，有望在世界的企业文化中独树一帜。

我们尤须注意：中国过去建立了良好的信誉，直至20世纪的上半叶，中国商人的商誉乃是世界著名的。中国企业内部的协调和互助，以及企业与雇员之间的关系，也是出名地和谐。但在利润驱使下，某些企业只注重短期经济效益，或使用次级原料，或在制造过程中偷工减料，使得“中国制造”形象受损。中国企业界中的某些人应为此汗颜。中国品牌在全球舞台上已取得了显著成就，如何重塑“中国制造”的价值，就看中国的企业家能不能从过去汲取经验，重塑“对得起良心”的人本精神。

这几本书合在一起，写作完成距今已经二十多年了，而当时的读者对象是台湾地区的企业界。此次在中国大陆重新出版，正当中国的企业要迈开大步向前发展的阶段，谨以这篇序文，诚恳地陈述我对于中国企业界的期盼。正因为爱之深，才言之切，国人当能谅解海外中国老人的苦衷。

许倬云序于美国匹兹堡

2016年7月7日那一个不能忘记的日期

推荐序一

历史的启示

这是从中国的历史与文化中提炼出来的一本关于领袖哲学与领导艺术的书。虽然其提炼的原料都是来自历代有关国家、政府及政治领袖的学说与事例，但其着眼点则在于现代企业领袖的形成要件及企业的管理原理，是社会大众都应该一读，而企业界人士则必须要读的一本书。

过去世界所称赞的“亚洲四小龙”中，就有“三条龙”是中国人或由中国人主导的，另一条龙也深受中国文化的熏陶。因而儒家思想适合于经济发展，从而诱导出所谓中国式的管理之说，在国际颇有传播，但大都语焉不详，引证乏力，给人以“勉强”与“凑合”的感觉。读了这本书以后，读者可豁然贯通，原来中国真的有这门学问，如此富于哲理，又如此贴近人性，只是隐藏在治国平天下的大事中，未曾应用到企业管理上而已。这本书应是最有系统地向这一方向发展的第一本书。

作者许倬云教授为国际著名历史学家，但他的学问领域广而深，并不以历史为限，这本书的内容即为明证。在这本书中，作者首先指出，按照人类发展大趋势看，企业组织，乃至于整个社会组织，都将是一个网状结构，其构成分子必须要直接参与上下交流，以此为起点来决定领袖的形态、领袖能力的培养、领袖品质的构成。作为这样一个网状结构中的领袖，便必须具有透视和远见、沟通能力、知人善任、贯彻始终的品质，发挥构思者、决策者、设计者、观念沟通者、信息集中者的功能，然后才能适应社会、政治、科学、技术随时都在变化的世界。这已将一个企业领袖，或者任何一个社会部门的领袖的轮廓清晰而完整地描绘出来了。

紧接着，作者从中国历史与文化中抽绎出一些治人理事的思想观念、典章制度、策略行为，来印证上面关于企业领袖的说法。在中华民族两千多年的历史中，左右中国人治人理事的思想与行为的，主要有儒法两家，这两家源出一系，而交流糅合为用。作者即奉荀子为儒家代表、韩非子为法家代表来加以阐述印证。

儒家以人性为本，主张经由教育以改造人性，达于至善。荀子对于理事一向以谨慎为主。所谓谨慎，就是要能掌握自己，了解敌人，对自己有所准备，对环境充分了解。这可用八个字来概括：知己知彼，谋定而动。这是原则。至于实施，则要注意条理、次序、明白。在明白的基础上建立一个好组织。同时在做一件事的过程中，必须要暂时安稳下来，坚凝过去的成就，筹谋下一步的发展，使安稳与发展交相更替，也就是稳扎稳打的意思。

法家则不太信任人，而认为治人理事，应以条文制度为依归。韩非子集法家之大成，而将法家所讲求的势、术、法三者予以结合。法就好像是房子的结构架子，术就是房子各种部门、各个单位相关联的流程图，而势则是房子内外的形势。作为一个领导者，必须将此三者予以结合，才能建立一个有生命的、有活力的组织或机构。

到此，作者再引证历史上一些著名的朝代与人物，分别从人才、资源、社会与政治组织、典章制度、策略运用、领导人物的个性作风等，以现代的企业观点分析及评断其成败得失，以印证前面关于企业领导及儒法两家与此有关的观念原则的说法，以收画龙点睛之效。

中国的往圣先哲都有以天下为己任的襟怀，因而其所思所为都不出治国平天下的范围，几乎不涉及个人生计。然而治大国与烹小鲜所用的原理策略，所需要的组织架构与领导能力，相差无几，只是规模大小与权力来源有别而已。在我们的历史与文化中，应该有无数可适用于现代企业管理与企业领袖人才的知识宝藏待我们去发掘。许倬云教授的这本书已开其端，希望有接踵而至者，使中国式的管理成为一门国际性的学问。

王作荣

经济学家、台湾《中国时报》总主笔

推荐序二

鉴往知来

许倬云教授是我所仰慕的史学大师。在这本书中，他以对中国历史的精通娴熟，如数家珍般地将中国历代王朝的治乱兴衰，以话家常的方式娓娓道来。他臧否了历史上的王侯将相，针砭了各朝的文物典章，以察微知著的细腻，系统性地披陈历代王朝兴亡所系之关键，等于将我们过去所学到、所读过的中国历史从另外一个角度串联起来，使我有了一些新的看法。

历史学是一门“鉴往”的学问，其目的则在于“知来”，尤其可以给领导者“透视与远见”。许教授为我们回顾历史上国家与王朝兴衰的同时，也在为今天具体而微的企业或公司组织找寻共通的规律。一个地方或一个朝代成功与失败的原因，无论其为人君的领导统御，或治国用人的方略，乃至制度的建立与施行以及社会阶层的整合与分化，都值得今天政治及企业领袖或管理专家引为借鉴，或取法乎上。书中特别对儒家与法家的代表性人物与学说，从古籍的原始教训中去推衍阐发，以与今天管理学的领导、组织阶层、沟通、流动、网络等概念两相对照，实为领导者与管理者提供了中肯的参考与启示。

以历史为训，我们可以察觉中国人过去的一些积习，或者说是深植于心底的“意底牢结”（ideology），至今仍广泛地影响到每一个中国人的生活以及社会、政治与经济。自古以来，中国人对典章制度的谋求、规划与发展，无不郑重其事，然而出之以良规美制，时间一久，即无法维持或发扬光大，最后流于形式，人往往超越制度之上。人谋不臧也就成了制度的大敌。从领导阶层来看，帝王经常被神化，使他本身乃至皇亲国戚，都在制度的监察之外，制度的良善，终究也被归因为皇帝的仁德或恩典。此外，“刑不上大夫”的论旨，使许多中上层官员也能在制度中获得网开一面的特殊待遇，恂至官官相护，人人将制度视为无物，甚至等而下之，沦为中上阶层便宜行事的工具，组织哪有不败亡崩溃的道理？衡诸今日的企业经营，自以为“我就是组织，我就是公司”的人，仍不在少数，其制度若有似无，也就不足为怪了。所以，许教授开宗明义，首先就要打破领袖是“天生”或“非凡”的一系列神话，寓意深远，值得每一位企业经营者反躬自省。

“沟通”也是许教授深致关切的一个主题。事实上，以中国传统的政治结构而言，沟通自始即是镜花水月。将帝王赋予神性的结果，造成上下层的脱节，而根深蒂固的士大夫阶级观念，使得中下层沟通亦复不良，阶层分化日益明显，预伏王朝覆亡的因子。所以，许教授特别举享国前后达四百年的汉朝为例，强调中层结构对上下沟通的重要性，在当时也就是一个通过甄拔选训而培养出来的文官体系，对上用以平衡王权，反映民情；对下用以宣导政令、执行政策。中层的稳定力量，成为整个汉代政治结构的活瓣。此后，文官制度本身虽亦有变革，然而它维持一个“皇帝可换，文官不变”的传统，使中国的王朝政治存续两千年。因此，中层管理者的培训，对于今天企业永续经营的重要性，其理自明。

求取成功，避免失败，是主政者也是企业经营者面对的终极课题。许教授特别提出“能败才能胜”的观念，是饶有兴味的。中国人在传统上强调“成王败寇”，使得中国人习于寻求成功，而不太计较过程，许多伦理道德原则因而被牺牲，甚至不择手段以求目的达成。这种只许成功、不许失败的理念，在相当程度上主宰了从古至今无数的中国领导阶层。许教授先后举出美国瓦伦达家族与金庸笔下塑造的“东方不败”为例，为汲汲于营求成功的领导者提供了“不计成败得失，以彻底赢取成功”的心法，实在是发人深省。

历代帝王治国，都有所倚重的思想家或所根据的治国思想。春秋时期，大思想家从政治的桎梏中解放出来，以至于战国时期有九流十家之说，蔚为中国历史上思想勃兴的黄金时期。

列国国君在思想的百货橱窗中任选所需，政府结构，十年、二十年变一变，实验这个、实验那个……不断地有内部的政治改革。然而，到了汉武帝，采取董仲舒建议“罢黜百家，独尊儒术”以后，中国的政治思想就定于一尊。我常想，孔孟“修齐治平”“内圣外王”的观念，对个人修养是绝佳的指导，但行诸政治层面，就有其偏颇。事实上，真正夤缘这一套教训而获得实际利益的只有统治阶级，儒家所提倡的许多概念，与今天民主政治的要求，也多所格。许教授在这本书中特别提出法家的政治主张，加以阐释，并认为“中国历代政制中，多为儒家与法家的混合制”，实值得今日的主政者玩味，也可供企业家咀嚼。许教授还在尊孔思想居高不下的今天，特地为集法家思想之大成的韩非子作翻案文章，还他一个公道，的确是大师风范，不同凡响。

借古鉴今，以古取譬，是这本书的“经”；归纳领导方法原则，以窥成功的门径，则是这本书的“纬”。许教授在书中对领导多所着墨，强调领导人应祛除神性，具备洞察力与远见，缔造“仁”“义”的文化，辅之以“信”，从而建立认同，并掌握变局以做自我改变或改变外在环境，都是今天企业领袖所必须身体力行的课题。然而，他也强调，领导并无必然原则可循，而领导是一门艺术，是以，领导者最好能具备“艺术家的敏感”。

身为企业界的一员，有幸拜读许教授的大作，不能不感佩他对历史的熟稔与分析的精到，他对政治演变有着极强烈的敏锐度，对整个中国的未来更洋溢着使命感。许教授在书中综合运用了历史学、文化人类学、社会学、心理学、政治学的概念与理论，亦足见大师之博大精深。

张安平
台泥集团董事长

推荐序三

为有源头活水来

二十多年来，我从一个憧憬未来的历史系学生，到今日成为践行理想的文化教育工作者，一直是以尊师如父的感情向许倬云教授请教受益的。

年轻的时候，在许教授身上学到的是做学问的精神，如挖井一般，要挖得深才能泉涌不断；工作的时候，在许教授身上学到做事的精神，要如走路一般，每一步要踏稳才会实在。这两种精神，对从事文化教育工作的我而言影响最深远，因为教育是扎根的工作，若不挖得深、踩得稳，则所有的人文理念将无法生根发芽。

能成为许教授的学生是我一生的荣幸。我也很能够把握住任何与老师相处的机会，尽可能掘取老师源头活水般的学识，学习他观照生命的胸怀。由于老师对过去历史有透彻的了解，以至于对今日的台湾社会有着深厚的责任感与使命感；无论在政治或文化方面，都有他语重心长的提醒与忧虑。

在长期授业的过程中和在社会工作的经历下，我深深觉得现代的企业领导人其实很需要经验的佐证和宏观的眼界，而历史正好就提供了借鉴与指引。在中国历史的洪流中，朝代的兴衰成败、君主的更迭交替，正足以作为“知兴替，明得失”的辨别。倘若企业领导人能从历史资料和古典智慧中汲取管理的经验，则不但能鉴古知今，更能在企业的运作上以长远的眼光、多层的思考来领导及做决策。

于是，自1985年开始，我就借着许教授返台的机会，在洪建全教育文化基金会文经学苑为企业领导人举办名为“企业家的社会责任”的座谈会，深受台湾企业界的嘉评。这几年更将它扩展为每年一度的“企业领导人素养系列”课程讲座，让更多的领导人能得到亲炙许教授的机会。

许教授的课一向是在学院内才听得到的，而发表的演讲虽是面对社会大众，但因时间受限未能深入。我一直有个愿望：让更多喜爱历史、爱思考、有守有为的企业领导人也能在离开学校后，再亲聆人文学者的教诲。

这本书就是这两年来课程的结晶。每次课后，与会学生都深受感动，也有着相知恨晚的遗憾。比如课中曾提到三国时代的组织、人才与资源，以蜀汉为例，刘备重用诸葛亮后，如何将外来人才与当地人才交流运用，产生政绩……真是良鉴。如果我们的政治人物也能在读史中有所警觉，当可避免许多政治灾害。课中内容，也就是现今整理成书的《从历史看领导》，有好多这类的警语提示，因为对象是现今企业的领导者，更能就近取譬、切中要害。

一位领导者的胸襟视野需要培养孕育。领导者不一定都要去经历风浪困苦，但是可以从前人的经验、前人走过的道路中去捕捉吸取；当透剔清楚后，也能使自己不再局限于一隅。历史其实是一门相当鲜活且有趣的学问。

这本书只能算是许教授学养活泉中的泉眼，那源源不绝、灵动流畅的活水泉脉，还待我们用心挖掘，而我也希望在交流的过程中，能凝聚更多的企业领导人，站在关心的立场，同为台湾的企业远景多尽一份心力。

简静惠
洪建全教育文化基金会董事长

再版自序

将历史转化为可对照的镜鉴

《从历史看领导》是这一系列的第一本书。当年台湾洪建全教育文化基金会举办了有关领导特质的讨论会，由我与台湾企业界人士共同探讨中国历史上呈现的各种领导形态。在讨论会上，与会人士即有十分热烈的发言，而后将发言记录公诸社会，居然又引起不少读者的注意。那时，我才憬然惊悟：其实从历史中提出的许多经验，于今日仍有可供参考之处。长久以来，史学工作者埋首于专题研究，竟忽略了“历史”本身应予发挥的功能！

《从历史看领导》一书问世后，洪建全教育文化基金会的简静惠女士又陆续举办了有关组织与历史人物的讨论会，我又在北京大学光华管理学院主持了一系列有关管理的历史经验讲演。现在这一系列讲座由广西师范大学出版社再次发行中文简体字版本。从数年来读者的反应看来，这种我称为“应用历史学”的课题，确实还有可以发展的空间。历史学同仁的研究成果，其实不应仅在专业的园地内流转，人类过去的所作所为，不论成败，应在适当的阐释后，输送给后人取撷其得失。

在专家们严谨的研究成果中，应有人担任中介，使故纸堆中的资料转化为生活中可以对照的镜鉴，如此，史学专业成果才可能有其知识的真实意义。我一生投注于史学与社会学的专业，也做了一辈子考证、整理与综合的工作，今兹已入老境，才发觉自己可以担起上述“中介”一职，至今也已十几年了，我越来越感觉应尽此生余年，专心传输知识，使知识不再是专家们的禁脔。也许有些同行以为我“不务正业”，然而只要这一工作有意义，知我罪我，我已不再介意。

原先讨论历史上的领导时，我专注于一个同质组织系统的领导，不论国家或企业，都属此类。今日再版此书，忽然发觉，人类社会的经验中，还有异质单元必须合作，始得互利互补的组织系统。例如各种职业之间的互助，即在相统辖的情况下，组织为一个网络。这种网络，与其说是一个金字塔型的结构，毋宁说是横向延伸的组织系统，犹如许多环节连接成串的链结网，其中每一个环节又可能延伸于另一间接系统，以至于形成十分复杂的系统。在考古学上，有一些古代文化，在未转化为政治共同体以前，其中一些社区与同一文化系统中的其他社区，即是以这一异质链结编织为生活共同体的，彼此之间文化面貌各有同异，而又共存共依。

这种异质共同体，初时往往没有具体可见的核心，但共存日久，终于融合为一个同质性较高的系统，其中某一部分脱颖而出，成为核心，再由此转化为一个有主有从的垂直组织系统，最后再由权力的集中，转化为权力从上而下的金字塔结构。以历史上的实例言之：草原上的人群聚落，经过贸易、交换诸种关系，形成松散的联合体，再由此聚合为部落，最后可能融合为一个匈奴或大蒙古式的部落联盟，甚至成为草原上的帝国。西周的发展，何尝不是如此？从姬姓集团，转化为姬姜联盟，经由征服，又转化为西周封建网，而其中同姓与异姓的结合，无论是王室的一层，抑或是诸侯的一层，处处可见异质由共存而趋融合的过程。

在异质共同体的系统中，每一个环节与其他环节之间，并无上下的统属关系。甲环与乙、丙、丁诸环都是因彼此相利而结为合作的链结网。每一环节与另一环节之间，一切合作仍有其因为共存而彼此依赖之处。于是某一个环节的领导人，必须代表其单元，与共存的单元，共同筹商，如何建立互存关系，或如何延续已存在的关系。凡此将自己的意愿加之于他人，仍是一种领导功能的呈现。上述草原部落联盟一类的组织，也必须有人以其领袖的特质脱颖而出，成为联盟的共主。

这种形态的领袖，不能以强力压人，却须以宽仁可信服人；也不能以权谋利，而须以有高瞻远瞩的视野，赢得同侪的佩服；更须有良好的沟通能力，说服同侪，认可其指示的方向。是以，这是在本书原来的讨论课题之外，必须有所注意的另一领导风格。

今日的世界经济网，已在全球化的浪潮下走向另一阶段的聚合。单以汽车生产为例，一辆汽车，并不再由哪一家工厂全程制造，汽车的各种配件，各有其专职的生产者，分别制造，再组装为各个部分（发动机、传动、输油、发电……），而汽车本身也由底盘、车身、门窗诸部分组装为一体。全车的组装，必须聚合许多不同地点的专业生产单位，分期合作。这一异质共同体的网络，在每一个阶段，都不能躲开发纵指使的领导者，也不能躲开检定核实的管控者。今日的世界经济秩序，正在由集中走向分散，再由分散建立新的聚合。异质共同体时时出现，又时时解散，对新的领导者而言，此时正是可以大展宏图的关口。这种新的领导特质，不是多么的强大有力，而是能预见契机的能力；不是分配任务的权力，而是沟通与说服的能力；不是权威，而是知己知彼的能力。

异质共同体，在人类社会久已有之，却又突出为今日最新的聚合形态。新的也是历史上久已有之的领导特质，是我们应予注视的课题。本书再版时，我以此提示，作为大家思考的线索。

许倬云序于南京

2006年6月6日

初版自序

江山代有才人出

这本书是我在台湾洪建全教育文化基金会文经学苑所办的两次研讨会上的讲演记录。洪敏隆与简静惠伉俪二人，有心文化教育，更注意到文化基础与经济发展的关系，因此成立了文经学苑，希望在企业界中深植人文素养。我们曾围绕这个主题举行过几次讨论会，近两年的重点则放在讨论领导人才的特质及领导的功能上，并且为这一题目选择了麦克斯·帝普雷（Max De Pree）所著《领导的艺术》一书。我在最近两次讲演中即以该书为参考资料，为此，记录中颇有引自该书之处而不再另加说明其出处。

我常常以为，人类历史上不同阶段各有其凝聚人群的力量。上古以亲缘关系，中古以宗教信仰及意念，近古以民族国家，而现代则以经济的发展为主导力量。台湾近四十年的历史，也正反映了经济力量的上升。在企业界，用太史公的名词来称，属于“素封”，用今日的白话说，即是“没有封号的封君”。企业组织也相当于古代的一国一邦，其内部结构，有层级的纵线及部门的横线。企业单位之间，也与列国关系一样，有其分合，有其合作与对抗。这些现象，早在近代资本主义社会出现时，便一天比一天更为显著地呈现着。正因为如此，我才敢大胆地用政治领导的历史，配合企业领导现状互为比证。

另一方面，台湾面临迅速地转型。今天的许多局面，固然史无前例，但若只从组织形态与人的行为方式来讨论，其实许多变化，仍是万变不离其宗，在历史上每有可以比较参证之处。中国历史中企业发展的经验不多，政治行为的例证则所在皆是。我以中国历史上政治人物的行为及若干朝代的政治特色，作为讨论企业领袖及企业组织的变化方式，亦不外乎借取其中的一些通性，使我们对今天的变化多一份领悟。

今日台湾处处有才难之叹，尤其领袖人才更为难得。然而，今天台湾地小人少，能有如此成就，已反映出并不缺乏人才。大致言之，对于身边的人才，我们往往视而不见。我们大可不必妄自菲薄，专向古代及别处找人才，人才就在我们旁边，要看我们是否给这些人才发展的机会。

人类是能学习的动物。我经常怀疑，世上是否真有“天纵”的英雄。一个出色的人才，须有知识、有见识、有胆识。知识能由学习获取与累积，固是人人皆知的道理。见识，看来难得，然而也可由历练中培养。只是一个人培养见识，必须胸襟开阔，不自满，遂能不自囿。人人可以有良朋，见贤思齐，友直友谅友多闻，自然能有广阔的视野，而能高瞻远瞩。反之，人若自命不凡，则开启心智的门窗也就关闭了。这种人不可能有见识。胆识，看来似乎与一个人的性格有关。然而有胆识之士，大多先有上面两识的累积，加上有一肩担起责任的使命感，遂能弘毅致远。这些成为人才的条件，其实都可学习培养，有了中人之智，琢之磨之，也就可以发展成熟了。

台湾企业界，甚至台湾社会任何一个部分，处处需才，也处处有人才可以脱颖而出的契机。这本小书所说，卑之无甚高明，但也代表了我对今日有潜能人才的一番期许。江山代有才人，我们不必祈求皇天降才，只盼有人能不妄自菲薄，更有人能尽力扶植，推揽可造之材。

许倬云

目录

CONTENTS

第一章

公司与领导

领导人的素养除远见和沟通之外，还须明白个人能力的分野，而将每个人员运用于适合的岗位上。一个真正的领导者，不要视自己为带兵的人，而要视自己为领将者。

领袖在哪里：领袖与群体的关系

21世纪的企业特色

这一章的主题是“领袖在哪里”，副题是“领袖与群体的关系”，所要讨论的是领袖的形态以及对外的问题。

为什么要谈企业界的领袖？这是20世纪下半段才兴起的现象。过去我们所谓的领袖，总是指着“帝王将相”。而现在有个名称叫作“企业领袖”。从20世纪的下半段开始，即五六十年代之间，我们看到，世界上的政治、经济情势逐渐转变为私家方面。私家的力量要大于官方或公家的力量，所以过去原是帝王将相所做的事，现在慢慢变成我们一般人成立的团体及其中带头的人所要做的事。另外，在20世纪下半段自愿组成的团体，如教会、各种服务团体、同业公会……其成长的速度均无法与企业团体的成长速度相提并论。整个20世纪的下半段，尤其是最近二十余年来，企业团体的成长是加速进行的。

就企业本身，有几个特殊的现象：企业个体变得越来越庞大，而企业与企业之间互相协作、互相影响、互相关联的情况也比过去灵活得多。台湾这几年，恰好就趁着这二十多年来的成长潮流，在企业界成长的速度上，比其他地区更快，正好赶上了一个上升潮。我们看见今天的台湾，私家经济已远大于官家经济。若从量的方面来说，这一趋势是个上升的曲线；若从质的方面来说，我们可以参考约翰·奈斯比特（John Naisbitt）在他所著的《大趋势》（*Megatrends*）一书中列举出的影响未来工作、生活和财富的十大趋势：

1. 从产业社会到信息社会：企业是生产的，也有交换的，但是以生产为主体。

2. 从能量科技到高科技/高感应：目前所用的都是一般性的科技，叫作能量科技（force technology或energy technology），即依靠能量的科学技术。

3. 从国家经济到世界经济：任何国家都是一个画好

的企业圈，超过这个国家企业圈之外我们就叫它跨国企业圈。那么，疆界是画在国家的圈子上。

4. 从短期思考到长期思考：我们总是希望一个企业能获利。最近几年来，美国MBA（工商管理硕士）的通病是，总讨论五年之内要见分晓。五年之内，你做个总经理就要把利润拿出来，若拿不出来，你就准备卷铺盖、被炒鱿鱼，这就是短期利润的现象。

5. 从集权管理到分权管理：我们所看到的是，目前所有公司组织的管理模式，基本上都是金字塔型。

6. 从公共救助到自我救助：当公共性质的问题发生，就怪罪给财政部，怪罪给经济部，怪罪给社会，就是不会怪罪给自己。

7. 从间接代议民主到直接参与民主：从政治方面来看，间接代议民主，总是选出国民代表、立法委员、参议员或众议员等。

8. 从阶层组织到网状组织：现在不管是一般私人机构或是一般公家组织（机构），都是一级一级由下往上，从科长、主任，一直到总经理、董事长。

9. 从北部地区到南部地区：直到现在，地球上最大的财富，还是集中在北半球。

10. 从少数选择到多重选择：目前一般还是少数人在做决定。

今天我们谈企业，大概总还绕在上述种种现象之中，可是，我们预料也已经看见的迹象和将要发生的改变，是在这“十大趋势”的后半段。

在台湾，我们也看出许多的端倪，如台湾的夕阳产业比重正在下降，而新兴高科技产业则在提升。台湾地区的经济已不能只以台湾作为界限，外国的、多国的投资已经太多了。

对民主的要求上，我们也可以看出直接参与的要求越来越高，实际上已是企业发展的趋向。这一明显的趋势将影响我们理解企业之中“领袖形态”本身最大的改变。显而易见，迄今为止，企业仍是“中央集权制”：由董事会做决定，甚至董事长自己裁定，然后交给总经理；有时总经理便是董事长，他自己便成了“中央”，总经理做了决定后再一路传达下去。关于这种结构，假如我们从十个趋势演变的方向来看，未来结构的改变将变成一个网状结构，向直接参与跟上下交流转变。那时，今天我们所谓的领导、所说的管理，内容就会大不同了。目前台湾基本上还维持在前半段的形态。刚才我所讲的预料未来将发生的变化，在今天的台湾大概只是见到端倪，而这端倪是无可挽回的，不能走回头路。因此，开宗明义地说，我们讨论领袖的形态、领袖权力的培养、领袖品质的构成，应着眼于可以预见的、未来所走的趋向。

企业领袖在社会上的角色

前面已提到，私人的资本在增加，而公家的资本在比例上相对减少。因此，私人企业在社会上扮演的角色也就相对在增强。现在我们常会将私人的力量看得很小，也把私家的责任看得很小。记得在好几年前，我就曾经特别提醒大家，私家企业有很大的责任，不是说只回馈社会，不是说我赚了点钱再拿出来一些，整个的经营、整个的管理、整个参与市场运作的过程，都是私家企业在对社会产生的新的力量。因此，这一份新的力量应产生新的更大的责任。

企业和社会还有一层关系，官家的团体，甚至非产业的团体，本身都会走向企业化的过程。现在我们看“组织的外在环境因素”一表（见下），将公司、大学、医院和政府机构做成四个平行的对比项：我们看第一行“附属环境”便会发现，除了“公司”以外，其他三种就是大学、医院和政府机构，然后拿分析公司中同样的项目来分析它们。在过去，假如我们说大学有供应商、顾客、中介团体，那不是开玩笑吗？但实际上现在便是如此。至少在美国，一个很大的大学，它内部的组织、外部的功能、参与社会的性质，都跟企业没什么两样。因此这表使我们可以了解，企业化是个广泛的趋向，不仅是在生产的企业上，不仅是在贸易的企业上，学校、医院、政府机构都有我们在表上所见到的项目。实际上，一个庞大的组织都有同样的性质。换言之，今天我们讨论领袖的功能、领袖的力量以及领袖的品质的时候，实际上就是讨论企业在全社会企业化过程里如何担任自己的新角色。

表　组织的外在环境因素

附属环境	公司	大学	医院	政府机构
供应商	· 银行 · 劳动工会 · 产品与服务供应商	· 高中 · 教授 · 出版商 · 劳工市场 · 捐款团体 · 供应商	· 保险公司 · 医生 · 劳工市场 · 捐款人 · 供应商	· 纳税人 · 公务人员 · 产品与服务供应商 · 政客

（续表）

附属环境	公司	大学	医院	政府机构
顾客	·消费者 ·股东	·学生 ·研究团体 ·毕业校友 ·雇主	·一般大众 ·研究团体 ·病人	·服务领受人 ·私人部门
中介团体	·竞争者 ·广告代理商 ·法务代理商 ·审计师 ·顾问公司	·职业团体 ·媒体 ·董事会 ·授信组织 ·信托公司	·医药业者 ·教学医院 ·银行 ·志愿团体 ·健康保险业者 ·药商	·其他代理商 ·教育团体 ·顾问团体 ·公民团体 ·立法人员 ·法庭 ·选票组织
技术	·产品技术 ·生产技术 ·研究团体 ·专利权	·学术训练方法 ·教育传达制度 ·计算机	·药物技术 ·行政系统 ·药理学	·行政系统 ·研究团体 ·沟通技巧
政治与法律	·税法 ·议案 ·福利制度	·大众学识 ·联邦法庭 ·著作权法 ·终身教职	·药物治疗制度 ·健康医疗成本减免能力 ·FDA（美国食品药品监管局） ·专业执照代理商	·立法授权 ·研究团体 ·沟通技巧
社会	·大众态度 ·消费主义 ·人口统计变量	·大众态度 ·人口统计变量 ·阶级地位	·大众态度 ·健康嗜好 ·环境保护主义	·大众态度 ·特别利益 ·人民需要

（续表）

附属环境	公司	大学	医院	政府机构
经济	· 国际贸易 · 国内经济气候 · 市场购买力 · 利率	· 薪资 · 国内经济气候 · 通货膨胀 · 职业	· 健康医疗成本 · 国内经济气候	· 国内经济气候 · 预算 · 全球经济
公共团体	· 产业结构 · 商业风俗 · 审计标准 · 证券市场	· 学术环境 · 许可测验 · 运动会议	· 医药风俗 · 医疗场所 · 学术性医疗 · 大众卫生 · HMOs（母乳低聚糖）	· 大众公听会 · 委员会结构 · 权责

过去是帝王将相，现在是董事长、总经理。不管是帝王将相、董事长、总经理，我们教授总是没有份的。在美国的学校里，我们总将校长和董事会看作是雇主，在台湾则不然。可是最近我们学校行使一些教授传统权威，要罢免校长，结果还真被我们逼得退休了。董事会说："你们不能罢免校长，他是我们雇来的。"后来是校长自己辞职了事。上面的例子说明，学术团体也改变了过去知识团体的性质，走上了企业化的途径，就跟公司董事长免除总经理的职务一样罢免校长。这些也使我们讨论企业界在社会上的角色定位时

有了一个新的角度。于是企业领袖在社会上不能像过去一样专守功利，以赚钱为目的。在这个市场化社会，企业应寻求最大的利润，但也不能以此为满足。个别企业的领袖，对他的企业负有前所未有的责任，因为他要对他企业里每一个雇员负责任，对他的雇主负责，甚至要对他企业造成的影响负责任。过去若一个工厂的废水泄出，他是不负责任的，他说污水排到了下水道，就不是我的事情了，但到了今天，我们就可以要他负责了。今天王永庆要到大陆去开厂，是因为他在台湾已无处开厂，这种责任的压力是以前所没有的。

所以，从上表的例子，可看出整个世界走势和企业在全社会企业化过程中的作用，以及因此而演变出的企业领袖的个别责任，以及整个群体（代表所有企业）对社会所产生的影响。正是从这三个角度看，我们有必要讨论企业领袖角色的形态。

领袖的定义及其神话

现在我们要谈的是打破神话这一部分。这里有五种神话，这五种神话其实基本上是同一种神话。第一种神话：领袖是一种难得的、稀有的技巧；第二种神话：领袖是天生的；第三种神话：领袖有他特殊的魅力或是非凡的能力；第四种神话：领袖只在一个团体的最高阶层里；第五种神话：领袖是控制、指挥、管理的人。假如我们不是立足现在，而是往前看，往未来看，这些话都需有相当的修正。那为什么说这五种神话事实上是同一种神话呢？德国社会学家韦伯，在社会学上，就等于爱因斯坦在物理学、数学上的地位一样。他是现代社会科学上最重要的人物。在讨论领袖的形态时，他采用了一个单词“charisma”，这个词是神学用词，原意是神给人特别的禀赋、特别的能力、特别的恩赐。各位看《圣经》上曾说，使徒出去传道，其中有个使徒彼得，为什么他是使徒之长？那就是“charisma”，有特别的恩赐。所以韦伯就把这一个观念拿过来使用，说有些领袖有“天生英明的地方”。这“天生英明”四字并不是我创造的，甚至最近还常在报纸杂志上看到。我是从来不相信“天生英明”这四个字的，因为任何领袖都有老的时候、糊涂的时候，都有睡觉睡不够而发晕的时候。没有一个人是一天到晚不必睡觉还“英”而又“明”的。这种英明领袖（charismatic leader）是韦伯所说的领袖形态里的一种，是开创者的形态。所以刚才所谓“稀有的技巧”“天生的”“特殊的魅力”这三项，其实讲的是同一桩事情。第四种神话说他是在高阶层中的，我们到现在还是这么想，就是领袖者即居上位者。

孙中山先生在《三民主义》里提到，所谓心智能力最大者，当服千万人之务，次之则服千人、百人之务，否则也至少为自己一人服务。在这一点上，孙中山比韦伯高明。领袖并不是只有单单在上面才有，十个人、八个人中也可以有一个领袖，那你自己若能自我培养好，自我教育到一定的水平，只要能把自己领好，也是一个领袖。

领袖究竟有什么样的性质？我想谈的是目前领袖的性质及领袖要做的事情。我们一开始就谈到大趋势，我们看到有些特别显著的现象，就是社会、政治等各方面都在改变，科学、技术等各方面也在改变，而改变的速度是呈加速度进行的。生活在今天的台湾，我们能深深地体会这种感觉。大家知晓信息、工业变化之快，快到我现在还未买个人电脑，每当我要买的时候，就有朋友劝我买新型的，要我等一等，说还有更好的产品要推出，叫我再等一下，等到现在我还没买成。

这些改变速度之快，以及我们一开始提到的大趋势，其幅度之广，可以说不单是整个社会的转变，转变得波澜壮阔，转变得很深，也很高。此时我们必须了解的是，不能再像过去一样，领袖只在守成及创业而已，所谓守成不易、创业维艰虽是事实，可是在将来须注意到的是，守成里面要有创业的精神，因为大环境在转变，在天天都有转变、时时都在变动的情况下，我们的领袖就像羊群中的第一头羊，马群中的第一匹马。将来的领袖就像头马一般，知道水源、知道风向，它带头走，而不是只有控制、管理群体而已。在急剧改变而且变动情势非常大的情形下，人类在这样的巨变中，大概有几种应变方式：第一个就是直接的反应，你打我一拳，我就回踢你一脚，这是个很简单的反应。譬如在第一次喂狗吃饼前先打声铃响，第二次喂它吃饼前再打一次铃响，等到后来一声铃响，狗的嘴巴就张开了。这个是直接反应，也是最笨的行为。更高明的反应有几个可能：一个是改变自己，一个是改变外在环境，一个是在内外环境之间做适当的调节。怎么改变自己呢？譬如说我卖袜子，我看见袜子市场不一样了，袜子的生产方式不一样了，那我改我的机器，改内在结构，这是个办法；改变外在的环境，比如用广告去说服人家，这也是个办法；我内外皆改，而且找个对我最有利的中间点，这又是一个办法。基本上我们在面临一个急剧转变的环境时，也不外乎这三个策略。

领袖的统御方式

一匹头马，要担负的责任就是他有能力理解到什么是大的方向，他要有预见的能力，即透视能力和远见。他可以看清楚大概会发生什么事情、大概的方向如何，然后预先做内部的调整，或预先准备改变外在的环境。这匹头马以他的嗅觉、他的视觉来做到领头的任务。所以今天假如我们说一个领袖，他是“领”，而不是“管”、不是“控”，是领导、带头，而不是管控、管理。他需要特殊的能力，就是要有远见，要看到未来。第二步是要告诉同僚怎么做，说服别人。若单是一个人看见的景象，那是见异象，要用自己的见识说服别人，让大家合力将这见识的应对方法及应对的方针与方向制定出来。简言之，就是怎么样让你的同僚、你的公司、你的下属知道下一步该怎么做。若单单一个人预见到未来，那没什么大道理的，只有让别人分享你的见识，你才能把自己的企业往同一个方向带。所以领袖要如何说服别人，是一件很重要的事情。第三步是学习。要有见识，要说服人，这两个能力不是天生的，是学来的。有见识是靠训练，靠学习、沟通，是靠了解自己也了解别人获得的。第一个阶段，学习很好办。譬如我学的是历史学，按道理来说是往回看，但也可往前看，往前看也往往能看出一些门道来，也八九不离十。

有见识有视野的学习不能单靠专业知识。靠卖袜子或卖电脑的单一路线学习是学不到的，必须有广泛的知识。所以今天所举办的人文素养研习不外乎提醒社会大众，很多经验可以从学习中获得，而且学习是永无止境的事。

另一个问题是沟通。学习是个人的事，而沟通是一种互动。你要将你的意思告诉对方，让对方知道你的想法，这是一种双向的行为，你不但要了解自己，同时也要了解对方。这其中只有一个原则：设身处地，将自己的想法放到对方的思考之中。设想自己站在对方的立场上，告诉他该如何想、如何做，如此才能沟通，这正是孔子所说的“仁”。“仁”的意义，就是设身处地站在对方的立场上想，这是沟通中很重要的一项原则。领导者要发展见识与视野、学习沟通，那必须靠培养而成，培养这些能力时，不仅要努力学习，且要立下心愿，将自己设想在别人的立场上。

沟通之后要合作。合作是一项定位的工作，自己与对方，甚至第三者的角色该如何定位，如股东、专业人员、生产线上的工作人员等。当你能明确地明了，将各人的眼光落实到人才的定位上时，这不是管理，而是领导。换言之，一个优秀的棒球教练知道谁是好的捕手，谁善于投球，他才能因材施用。故而领导人的素养除远见和沟通之外，还须明白个人能力的分野，而将每个人员运用于适合的岗位上。

最后一个要点是贯彻。任何工作都不是容易的，每个人在工作过程中都可能叹息放弃。而领导人必须是最后一个叹气的人。真正的领导人是别人能熬九十分钟，他却能熬一百分钟，并不是由他下场当捕手、投手、外野手，而是他能撑下这口气。但这种坚持并非固执，这种坚持是已明白工作分配的情况，预见其后果，而预见之后果不是领导者个人的想法，而是该队伍的组成分子能共同理解的，是从多角度、多方面沟通后与大家一同分析、理解所得的结果。这种结果不是闭门造车，也不是一个人坚持的独夫，是许多人共同坚持的意念。在意念中，领导人有一项特别的责任，他必须比任何人多熬一口气，即使到了第一百分钟，他垮下来了，全军覆没时，他这口气可能就是将整个工作完成的关键所在。以儒家的说法说明，白话说，就是“坚毅”；文言说，就是“诚敬”。“诚敬”就是坚毅地坚持，“诚”不仅有诚实、诚恳之意，还包含了认真的信服之意。“敬”是指全心全意地投入，这也是一个修养问题。坚持之中，还有一个要件。到了一个境界时，工作的过程本身比结果更为重要。自己相信工作完成后会有如何的成果，领导的同仁们同样相信该成果，全心全意地投入工作去完成它，结果可能并不如预期的理想，或者可能有完全不同的结果产生，但是，把工作完全做好，是使成果产生的重要条件。

有一种心态可称之为“瓦伦达”[①]心态。这件事情我当年曾经目睹：瓦伦达家族是一个世界知名的空中飞人马戏班，他们经常在钢索上做叠罗汉的表演。三十年前左右，我在美国电视上看见当时的瓦伦达家长，他正走一道新的钢索，三层，叠了七八人，而在电视画面上，观众亲眼看着他从钢索上坠下而死。他走了一辈子钢索，他说：“我走钢索时从不想目的地，只想着走钢索这件事，诚心诚意地走好钢索，不管得失。”所以他一直走得很好，除了最后一次。事后他太太回想说，她知道这一次他一定会出差错，因为他不断地说：“这次只许成功，不许失败。”他有了患得患失之心。

因此，领导者除了要能比别人撑更长的气之外，还要有特别的决心，即将事情做好，不计较成败得失。诸葛亮也是如此，凡事只要尽己之力就好，所以深入不毛，到南方开辟

① 伟大的绳索平衡家卡尔·瓦伦达每次走绳索时总会面临生命危险。他说：“走绳索是唯一的事，其他的事都要放在后边。”

新局面，目的是要贯彻汉室复国的志愿。他所重视的是过程，而成败得失不是人所能预料的。反言之，相对于患得患失之心，应有《金刚经》所说的“应无所住而生其心”，不要期盼必定要成就其功，而是要成就一件事。成功本身是成事的副产品，而成事是一项义务。如此的领导者，他结合一群人与他共同工作，如果他一直保持着沟通、交流、共享的态度，则其伙伴必是心意相通、情意相投的人，而不是只签到、打卡，每月领薪一次，凭合约工作的员工，而他与同事之间的关系，则是相当于结拜兄弟、好朋友，或战场上同生共死的同胞关系。若能将他的同僚组织成如此的队伍，则其领袖之才干就完成了，其统御的方式也就成功了。

假如公司是一个部落：次级文化的因应之道

部落组织的特性

我个人所受的专业训练中，有一部分属于人类学，所以我面对某一单位时，常以“人群”的观念来对待。“部落”

即是“人群”的一种，它是一种大于家庭、家族的组织，但又不同于现代式的国家，有明确的界定。再者，部落里人与人之间的关系有很强烈的归属感，每个人都能感受到部落的兴亡盛衰与自我的生存有着不可切割的关联。

以部落的结构来譬喻公司，其实具有相当的意义，目前专事于管理学的人，却忽略了这一点。一般学管理的人，往往着眼于制度（institution）。而“部落”的概念，则是以一个人群当作文化的共同体。从文化共同体的层面上看，人，就不是制度中的一颗小螺丝钉，而是一个活生生、有血有肉、有爱憎、有喜怒的人。换言之，以这种眼光来观察，则可超越从管理学的角度来观察图表、流程的缺陷，使我们明白，我们正面临的问题，正要处理的，是活生生的人，而不是流程图。

部落有三大特性。第一，部落的规模不是很庞大。当部落的规模发展至类似于近代国家时，就不称为部落了。第二，部落的统御方式并非全然制度化，一部分是传统式的，一部分则是个人领导的。这两项特性结合之下，于是产生了第三个特性，即部落成员对部落有强烈归属感。此归属感并非信仰，亦非法律保障，而是由参与而产生的亲密感觉，它不同于企业式的合约，而是一种义结金兰式的情感，其中

“情”的部分多于“法理”的成分，也多于法律和交易的性质。在整个人类活动的历史中，我们可以发现，一些主要的文明，都必定经历过部落阶段。在世界上的一些落后地区，任何制度都无法在当地立足，而部落是唯一能将人群结合，使其过着合作的生活，也使其能与其他人群沟通或者斗争的组织。可见部落之组织，不是近代其他组织所能代替的。

部落还有其象征，有其团聚之标志，例如图腾、祖先传说、部落结合的传说等。现代的“国家”实际上还承袭了部落的文化，如国旗、国歌、国花，基本上是由部落文化延伸至现今的记号，这些记号对于部落之凝聚性具有很大的价值。

根据以上我们对“部落”所做的假定，包括三个特性及其象征，我们对“企业”加以审查，它是个法律上、企业行为上的结合，或者是个“部落”。用日语解说，就是所谓“会社共同体”，这个名词具有丰富的内涵。英文的用法将企业称为“corporation”或“corporate”。“corporate”前面四个字母“corp”意指“身体”，而“corporate”意即以非身体者作为身体义。以日语“共同体”来解释，其内涵则比“公司”或“企业”所指涉的内容更为丰富与深切。作为一个“共同体”，公司应是休戚相关的组织，一荣俱荣，一枯俱枯。假若呆板地照流程图进行，其适应能力与竞争力将难以满足环境之需求。企业假若没有与人相处的观念，只是部门与部门的结合，则无法将全体员工的心力动员起来，朝向企业的目标前进。故而企业应是活的组织，也因此，我将企业定义为“部落”。而企业也具有其象征，例如制服，它就是一种部落文化的表现，也是建立企业认同感的象征。从这个角度来看，企业之特性也可以用分析部落的方法处理。

公司文化及公司认同感

企业是否具有文化？企业本身其实是具有文化内涵的。假如你走进一家大公司，上了第十四层楼，有道重要的玻璃门，进入后静悄悄的，每个人都踮着脚尖走路，层层关卡，层层通报，才能进入，这就是一种公司文化。等级森严，是这个公司的文化。另一个公司，却是从老板到工友都卷起袖子做同样的工作，分不清谁的职责为何，工作时嘻嘻哈哈，上下班时间也不很准时，这又是另一种文化。各位设身处地想想，自己的公司机构也有一种小文化，这小文化与外面的大文化有所不同，与朋友的公司文化也不同。公司文化的是非、好坏，我们暂且不予评估，但这是种独特的气氛，会影响公司员工的态度与效率。

当你在任何公司里待了一个月左右的时间，将会发现，刚开始严格按照写在手册上的规定做事，但渐渐地不同了，为什么？因为文化改变了规定。文化将所有公司规定以及MBA所定下的内容改变了，也因此塑造了一个新的文化。

有一个“化妆室中放粉红色冰块”的例子。如果你与你的机构想把事做到最好，就请注意不要让“化妆室中放粉红色冰块”之类的事发生！①

作者麦克斯·帝普雷对这个例子的评语是：倘若公司只注意这些细节，却忽略了更重要的问题，则此公司必然生存不久。这个例子列出了几种情况，一个企业若是面临了这种情况，则说明这家企业面临崩溃的危机。公司文化的重要性即是构成了一种气氛，此种气氛使得进入该公司者，不论

---

① 美国佐治亚州政府为吸引投资，每年4月会招待四十位国内外的企业领导人旅游。多年来此活动深受欢迎，也颇有成效，有不少投资者因此至该州设公司。而米勒公司在佐治亚州首府大西洋城附近设有一工厂，因此有一年也被邀担任接待团体。接待委员会召开筹备会议中，一个善意的建议说：要以装点美丽的设施来吸引人，其中之一就是化妆室中放粉红色冰块。或许原意是美善的，却让作者见到了濒临堕落的危险信号。（取自《领导的艺术》，洪建全教育文化基金会文经学苑出版。）

其工作能力强弱，都会受到或多或少的影响而有所改变。这是一种认同感，其影响相当深远。一个不好的公司文化，会使得员工找不到合适的工作方法，降低其工作效率，而好的公司文化在得到员工认同后，会提升其工作品质。故而一位领导人，有责任培养出好的公司文化来，他是个文化的缔造者，而非统治者，这是做一名企业领导人面临的第一个课题。

缔造好的风气与文化必须具备何种态度？最重要的，就是把人当人看。刚才所举的例子：走到十四层楼上，必须历经层层关卡、层层通报，等待良久才能见到负责人，这不是良好的企业文化，因为它不把人当人看，我们所要缔造的不是这种文化。这种缔造风气的态度，换言之，即儒家所谓的“仁”，就是设身处地为他人设想，从对方的角度来看待事情，这个公司文化就容易缔造，就能掌握员工的向心力，使大家有认同感。这是做一名企业领导人面临的第二个课题。

部落中的成员因为生于部落中、长于部落中，自然对部落有相当的认同感，而企业中的成员却不然，由于是外来的人员，因此必须设法建立彼此的认同感。工会运动之前，公司的处理方式是关照工人吃、住、购物等生活细节。这种方式是封建式的，即领土、采邑中的人民都受庄园主的统领与保护，现今日本企业仍保有这种风气。这种方式的好处是工人确认自己为其中一员，而且有人情味；缺点是阶级化，老板生活享受高，管理人员次之，工人最差。封建式的分野有时会造成反作用，即工人反而失去认同感。美国工会运动之后，工会与公司成了对立体，这当然谈不上归属感了。如何在两个极端间找到平衡点？较具成效者，是给予工人公司的股份。劳绩股给得越多，员工对公司的认同感与归属感就越彻底。这种做法在20世纪初即被采用，典型的例子是福特汽车公司。但第二次世界大战后，这种做法逐渐衰退，因为美国证券业经过1930年的大崩溃后做了很大的调整，股票的价值上升，于是资本家不愿再将股份分给工人，不过近年又有逐渐回升的趋势。这种方式与共产主义不同，共产主义是工人拥有公司，给工人股份则是工人参与公司，这是将公司转变为部落共同体的方法。

留人不留人，流动性的利弊

接下来我们要谈“留不留人”，即所谓流动性的问题。这个问题是从认同感的反面来看。当今美国企业界的许多主管流动性极大，他的工作目标不在于公司业绩，而是在自己的履历表上添加好的资历以表现自己的能力，使另一个老板认为他很能干而聘用他。这是美国式的经营。每个人都会认为自己是多功能的，可置于不同的职位，于是常常换职位。然而职位越低者，流动性越大；职位越高者，其专门性越大，能够替换的职位也就越少。表面上，在美国的公司里人员的流动非常大，实则颇有一些特殊的条件，方可如此。

在社会学的课题中，我较常从事社会流动性的研究。流动可分为向上流动、向下流动和平面流动。一般的观察，任一社会群上下流动的管道通畅，则群的内涵较为健全。平面流动大的社会，其活动性强，但稳定性不高，因此延续性也很弱。倘若我们将企业视为一个文化体，则企业应为具有延续性的共同体，若内部的人员总是流动不断，只有硬件设施是固定的，企业很难真正运作下去。因此，美国企业的流动性表面上看来能不断地淘汰无用者，不断吸收新人，表面上效率能够提高，人员的素质能够提升，因为每个人员都有很好看的履历表，而实质上，流动性的增加牺牲了增长态势走高的机会。

相反，假如完全牺牲流动性而顾及其安定性和延续性，则会使企业流于呆滞。因为缺乏平面的流动，上下的流动也会受影响，除非上层的管理人员老死，否则企业中全无汰旧换新的机会。所以，完全无流动性也不行，安定性将造成内部的僵化，不仅无法有所奖黜，更无法吸收新观念、发挥新理想，也无法将不适合该职位者淘汰掉。如何在留人与不留人之间取得中庸之道并不容易，也无一必然的原则可遵循。领导是一门艺术，你有艺术家的敏感，才知道何种成分是最适合的成分。如何培养这种敏感性，是个重要的课题。一个好的领导者应训练自己的敏感性，能够感觉到何处过于呆滞，而何处的流动性又过高，适时地做出裁断。同时也要培养自己足够的能力，判断何者所犯的错误是一时之差，而何者却是能力不济，这些分寸的掌握必须由领导者自行拿捏。

一个公司里不是只有一个领导者，从董事长到科长，每个层面都有领导者，只是领导人数多寡不同。低层的领导者同样必须发挥其敏感性，而不是全然把问题交由一位领导者处理。而敏感性的发挥与训练之原则，就是刚才提到的将心比心。唯有如此，才能将别人当作活生生的人看待，同时以活生生的人对待自己，如此，才能带动整个公司的活力。

除了刚才提到的概念，领导者不是只有一个之外，我们的周围还存在一些不具名位但实际颇有影响的人物，这些非正式的领导人可称之为随机领袖，是一种非正式的、游离的人物。比如说，一旦遭遇突来的灾变，一大群人之中，就会有某些人自告奋勇地站出来，群众也自然地听他指挥行事。这种非正式的领导人在我们日常生活中会随时出现，灾变发生时他会出现，平时的生活中他也存在。我们回想念中学时，谁带头爬墙、捣蛋的，这个孩子将来多半就是个领导人才。这类非正式的领导人是正式领导人应正视的人物，而不应将之视为麻烦人物，应从中物色人才，将悍马驯服为良驹。

在日常的领导过程中，我们可以观察哪些人具有领导人的潜能，不要压制他、排斥他，要观察他的能力与长处，对他予以善用。所以，就企业人才的流动而言，企业领导者的任务，就是要注意何者能增加公司内在的活力，而又不伤其延续性。

领导者领导范围的限度

一个领导者的领导范围有哪些？首先，他是个构思者，即具有独到的眼光来构思。其次，他是个决策者、设计者、观念沟通者，不论用号令下达之方式、讨论之方式或者说服之方式，任何方式的运用都是在将其构思、决策与下属进行沟通。同时他是收集各种信息、意见、市场交易情况、生产销售情形的信息集中者，也是个监督者、奖惩的裁判，领导者至少须扮演这七种角色。当然，世上少有七项全能的领导者，所以他必须将部分权责委托他人处理。因此领导者必须衡量自己的专长，其余权责则应委托别人或与之分工，这就是授权。

授权的过程主要包括三个项目：第一，识人的能力，了解何人具有何种能力。第二，授权时需有明确的界定，清楚说明授权的内容里有哪些款项。第三，考核的能力，即整个授权过程中，直到考核其才能之前，都不应干涉被授权者的处理方法，直到考核其处事成绩之后，再决定此人是否称职。考核之外，第四个项目是明确的分工，分工明确才能使分散的一千人之力量能集合为一人之总力量，同时要考虑不使分工的功能重叠而造成冲突，更不要将同一件工作同时交给数人。若尚在考虑谁是最合适的人选，最好是以该工作的课题询问他的看法，而不直接告诉他是考虑的人选之一。

在讲到专家经营时，有人问我应不应该排除专家里有自己家族的人。我以为家族成员不必特别优秀，如果他的兴趣、能力都足够，家族成员一样有公平竞争的机会，不能把他排除。像福特家族这个集团里，老福特非常能干，但儿子未能继承衣钵，直到孙子辈里出现了现在的福特，才成为继承者。现在的福特本来没有被挑选为继承人，但是他对经营有兴趣，凭他自己的才干，慢慢得到了领导权。这个例子就显示出个人兴趣与能力所发挥的作用。

企业家族本身最重要的是要决定一个目标，就是起先我所说的使命感，否则，就没办法构成大家共同努力的一个总方向。我曾和大家讨论过，公司最好有自己的文化，就和部落文化一样，用不同方式、不同表达途径，肯定它，并留传给后代。

人类学上，处处有神话和传说，有时一个神话传说是不必破解它的，一个传说或神话可以有它特殊的功能和好的象征，若被破解掉了，很可能就破解了团结心。譬如说孙中山先生，你要叫我破解孙中山先生的神秘性、传说性，我可以破解，但我不想破，因为留孙中山做个象征是好的；罗斯福总统，我也可以破，但留下来也是蛮好的；林肯总统，可破解之处不太多，因为林肯的形象和真人是相当吻合的，但若仔细找，还是有破解之处，我并不如此做，留下这种象征是好事。而象征也是要紧的事情，但象征如果只是空的名头，而没有和象征意义相符的内容，就不行了。“经营之神”松下幸之助先生是一个神话，但松下的体系有一种精神，以此与这个经营之神合在一起，才能维持传统，建立认同。

认同性高的企业，加入的管理者能很快变成它的一部分；认同性低、没有使命感的企业，加入的管理者不晓得任务在哪里，也就没有办法建立认同感。没有忠诚，团体将无法把力量凝聚在一起。凡事都要靠奖金的话，是办不到的。在大陆曾有一家相当大的报社，很快就停办了。因为每一件事情都靠立刻发奖金来做，士气可以在短期内提得很高，可是难以持久。报社虽然办得很大，可是人家不拿它当个大报看，大家不重视它。美国的《纽约时报》是大报，另外一家《纽约日报》销量比它大五六倍，但《纽约时报》有它的精神在，所以全世界认为《纽约时报》是美国第一大报，它不靠发行量，靠它的精神。企业也是一样，一定要有个精神。

将将与将兵

现在就领导的方式而言，有所谓的“将将与将兵”。第一个“将”字是动词，第二个“将”是名词。当年汉高祖问韩信：“樊哙能带多少兵？”韩信答：“十万人。”高祖又问：“夏侯婴呢？”韩信说：“夏侯婴善带骑兵，其他兵则不擅长。”汉高祖后来又问：“我刘某本人可带多少人？”韩信说：“一千人左右。”那韩信呢？他自称多多益善。高祖很不高兴地说："既是如此，何以你沦落为我的手下？"韩信这才回答："你能将将，我能将兵。"

一个真正的领导者，不要视自己为带兵的人，而要视自己为领将者。带兵的官只能冲锋陷阵，无法运筹帷幄。韩信只是个带兵的人而不是领将之才，所以韩信最后免不了死于未央宫，因为他的手下没有产生大将。

将将之人有三大特点：第一，他善于运用将领的才能。第二，他清楚每位将官的长处与短处，晓得每个手下将领的特性且派置于适当的职位，如汉高祖知道夏侯婴不能带领步兵，樊哙则不能留守。第三，他明白手下的将领中谁是可以随时接管自己职务的人。一个带兵的将领随时都有在战场上阵亡的可能，同样地，企业的领导者也随时可能突发意外。所以，一个领导者必须随时准备接手的人选，这个人选并非自己的竞争者，而是代替者。接班人有其独特的性格和特质，不要希望将他塑造为第二个自己。从外引进人才作为接班人是方法之一，但多半机会不大，因为自外引进的人才不熟悉该企业的文化，不容易运用既有的人力。在自己左右的助手中挑选训练是较容易的事，但切忌引动彼此竞争的危机；也不可过早认定继承人的人选，因为自己可能眼光有误，而该人选也可能发展的结果不如所愿，甚或会有更适合的人选产生。这也是一门艺术，无法预先决定，必须时时刻刻留心观察。

从历史现象中可归纳出一项原则：继承者必须具有宽宏的气魄。他或许条件不良、能力不足，但能利用他人的长处弥补自己的短处，而成为超卓的领袖。如汉高祖虽只能带千人之兵，但能领将，这是他气魄宽宏之处。这一节，我们主要谈论的就是将兵与将将的差异，培养基层人才的特殊需要，以及分配职务时须了解每一将领之长才而予以适当的职位。

分工与授权

分工可分为专业性分工与流程式分工。专业性分工是以部门分职，例如政府分经济部、财政部等部门，是功能性分工，亦即专业性分工。中国传统结构是按照决策、执行、考核三项流程加以分工，此即流程式分工，一直到官制改革才停止流程式分工。企业中，这两种分工可能均存。身为领导者，专业分工是机械的，多一项业务即多一个部门，相当简单。而任一企业的形成之初即有决策、执行、考核的流程，而这三项工作的界限又很难明确划分。授权时，很难界定孰为决策者，孰为执行者。理论上，董事会为决策者，总经理为执行者，执行后再送回董事会进行考核。但决策前的资料收集、资料分析则难以界分究竟是决策者自行做的决策，或是收集资料、分析资料的科员下的决策。中国传统的官僚制中，是科员替主管下决策，科员收集资料、分析资料后，送交科长再送交最上层主管批阅后即成，这是一种错误的决策方式，因为科员无法掌握全貌。因此，假若你是领导者，必须在流程分工中找到自己的角色定位，也必须在做分工授权时，考虑到下属是否能了解该政策全貌。故而当授权下属收集资料时，须将自己所考虑的内容使下属理解，如此，收集来的资料才有利于提供决策之用。

在执行阶段，其实也包含决策的行为。执行包含战略与战术的内容，促销方法是战略，销售渠道的运用则是战术。战略本身也是决策过程。所以，细分后可以发现，执行阶段也包含有决策内容，其中又是一个次级分工，而次级决策者也应当了解自己的工作流程。

考核过程也包含决策，奖惩也是一种决策，这个小决策会影响执行，而执行又会影响下一步的大决策。故而在分工与授权的流程中，表面上分工很清楚，其实未必清楚，领导者必须掌握住原则，拿捏好分寸，小心翼翼，学习好这项艺术。

第二章

历史与领导

大家手上都有资源，孰胜孰败，就看如何运用资源。一个人是不能单独运用资源的，要有一大群人共同运用。换句话说，就是要善用资源条件。领导人要能善用人力资源，有了人力资源，才能运用物产和其他资源。

儒家与法家

儒家与法家的差别

曾有人提到，现今的情况是否以法家的方式管理较为合适。关于这个问题，必须先区别儒家与法家对于“管理”的思想差距。儒家思想对于“领导”的概念，从孟子的“性善”角度看认为人性本善，从荀子的“性恶”角度看则认为人是可经由教育而改善的。故儒家强调“与人为善”，认为领导是要体会别人与自己的平等，是所谓“己所不欲，勿施于人”的忠恕观念，故着眼于人的性格，以为人的性格是可经由教育而改善的。

法家思想从结构上言，注重的是原则制度：如商鞅注重法律，后来却作法自毙。他后来流亡时，没有旅馆肯收留他，旅馆主人说，这是商君定的法。最后他被自己所定的严法逼死。而慎到、申不害则着眼于结构上的功能，使结构内的各部门互相配合、互相牵制，甚至互相监督。申不害认为人君要“疑人”，所谓“试人以不测之威”，领导者不让他人猜测自己的想法。法家人物的共同点就是对人不信任，认为部属都想取而代之，或想利用权责从事不良的意图，所以宁可信任形诸文字的条文、制度。

儒、法二家对人性的观察与认知，使它们对领导的哲学也产生了相当大的差异，这是就方法论而言。而从目的论上探讨，法家其实没有目的论可言。从领导的层面上来看，一个属于人治，另一个却是属于法治的方式。有人而没有规章必然混乱，但有规章而没有人，则徒法不足以自行。最近人们一直在争论总统制与内阁制的问题，似乎一种制度即导致一个模式，实际上，理想的总统制并不存在于世，理想的内阁制也同样不存在，每个国家的个例都是制度的变种，只是变种得好坏不同罢了。印度的内阁制与英国的内阁制在精神上与做法上都是一致的，但印度如今却是世界上最穷的国家之一。所以，徒具规章条例是没有用的。而仅有人而无法也是无益，没有优秀的领导者继承，则所立之规模，所作之主张都没有人能接续下去。即使能够找到优秀的继承者，但继承者不能适应他所面临的新环境，以致无法发挥长才，于是只是旧有领导者的延伸，也正所谓强人情势的阴影。世上没有永远的强人，因此仅依赖个人的人格魅力而成为领导者是不够的。中国历代政治制度中，多为儒家与法家的混合制，没有任何朝代的政权是绝对的儒家或绝对的法家。

儒家的学说——《荀子·议兵篇》

关于企业领导人，我自己既不是企业家，也不是领导人，我只是个读历史的人，了解很多领导人历史上的作为。几千年来所谓的领导人，都曾在我面前出现，所以我作为一个旁观者，可以看见许多局中人看不见的问题。因此在讨论这方面问题的时候，我不只是从古代讲起，基本上，我是要拿历史上的一些例证，来印证一些理论，所以要从古书讲起。我选择从荀子讲起，是纯粹想要追溯它演变的程序。一个人的行为，一个社会的风范，都取决于那个文化本身，取决于它所选择的一些方向和一些价值，也取决于那个文化自己挑选的一些主题。而这些主题与风格，都不是在一天内演变出来的，是经过长期演变的。所以我们要了解自己，就必须要看看自己的文化，看它是怎样演变，使得我们从过去成长到今天的。

在这里，我既不说它好，也不说它坏，我把好的地方标出它时代性的好处，坏的地方标出它时代性的坏处。有些好处在某些时代是好的，在另外一个时代就是坏的；反之，有些坏处在某个时代是非常坏的，在另外一个时代可能变成好处，这都不能一概而论。虽然我要讲古代的事情，但是请大家不要以为我是一切都赞成古代的。古代和今天，对我而言都是一批资料，这些资料是活的，不是死的。

要讲荀子，是因为中国文化中，儒家占了很重要的位置，但儒家的至圣孔子和亚圣孟子两人的思想，以及他们所看重的一切课题，基本上都不是群体的，也都不是群性（现多称为社会性）的。他们所谈的，多半是个人的问题，或者一个人和另外一个人的问题，而不是一个人对群体，或群体对一个人的问题。到了荀子，我们才看见从个人的主题延伸到要讨论群体的主题。假如我们要以领导学或者企业学这两个观念来说的话，这两者涉及的都不仅是个人，而是个人和群体的关系。所以，若我们以孔、孟作为起点来讨论的话，就好像有点不着实际了。荀子可以说是中国思想家里第一个很认真地检讨这一类主题的人，这并不是说，将来我们发展企业管理观念的时候，或我们确立领导风格的时候，必须依着荀子规划的路线走。我只是告诉各位，将荀子以及下面要讲的法家拿来讨论，是表示我们不知不觉地吸收了他们的一些影响。而这些影响有些是我们意识到了的；有些是古人说了，对我们可能有影响，而我们并未意识到的；也有一些是古人说了，但我们没有意识到它们的重要性。我说的这几条，是我在荀子和韩非子两部分内容中要谈的重点，至于整个理论结构，我将会做整体分析及整体综合。我先预告这整体的综合，是让大家了解，我们每一节所讲的，都指向最后的理论，每一节都不是独立的，都为我们铺了一些路，帮我们厘清了一些概念。

荀子对人性及社会的看法

荀子在中国儒家里一直是一个偏统，大家一直认为他不像孟子那么重要，实际上，这是低估了荀子的影响。荀子的思想不只体现在《荀子》一本书中，绝大部分荀子的理论、观念保存在《礼记》中。就是到了宋明理学家在讨论“礼”跟“理”两者之间的关系时，基本上，他们的内容也并没有脱离荀子所规划的范围，所以荀子本身在儒家思想中的地位远超过我们通常讨论儒家时所理解的程度。大家总以为孔孟最重要，不必管荀子，我认为这是错误的。

荀子的一些贡献相当重要，我在这里，并不谈他作为一个哲学家是如何说法，而是谈荀子在讨论到统御、管理、决策等问题的时候，他所持的观点是什么。而这些观点很可能就变成中国后来的政治学和中国一般社会上统御阶层所做的事情、所采取的态度，以及最后隐藏在某处的一个理论的来源。因此，我挑选《荀子》中的一篇文章《议兵篇》作为例证。我并不全部讲《议兵篇》，只挑了中间几个重要部分、几个观念跟大家一起来讨论。

《荀子·议兵篇》的六术

> 孝成王、临武君曰："善！请问为将？"孙卿子曰："知莫大乎弃疑，行莫大乎无过，事莫大乎无悔，事至无悔而止矣，成不可必也。故制号政令欲严以威，庆赏刑罚欲必以信，处舍收臧欲周以固；徙举进退，欲安以重，欲疾以速；窥敌观变，欲潜以深，欲伍以参；遇敌决战，必道吾所明，无道吾所疑；夫是之谓六术。"

临武君是古代的战略家，他跟荀子讨论关于带兵和作战的问题。荀子先说了一大堆，哪种国家可以得胜，哪种国家会失败，然后临武君就问了："请问为将？"意思是这带兵的将军应当有什么要注意的地方。我们知道，将领是一个统帅，在领导阶层里，他本身是个领导者，所以我以荀子谈论做将领的基本条件，来反映中国人对于领导学的一些观念。孙卿子（即荀子）回答临武君说，做将领最大的要点，是将疑惑不清的事情弄清楚，不要永远在自己的心里犹犹豫豫。

"知莫大乎弃疑"，就是要明白自己该做什么事情，不能今天想想做这个好，明天想想做那个也好，两边都割舍不了。什么叫作"知"？"知"即智慧，也就是没有疑惑，你有疑惑，就要弃疑，将疑惑摆在一边，丢掉它。

"行莫大乎无过"，做事情最好不要有错误。这个就很难了。人哪会没有错误？"无过"的意思，是预先防备有错误。

最后，"事莫大乎无悔"，这无悔并不是说你不要忏悔，或不要悔悟。这"无悔"说的是不要懊恼，不要将事情永远只做一半。如：我吃了一口冰激凌，嫌凉，不吃了，去喝杯热咖啡，喝了咖啡又说，为什么不吃那个冰激凌呢？这就叫"悔"。

"事莫大乎无悔"就是不要懊恼，用现在的观点讲就是决定了方向，就往那个方向去。过去的错误要检讨，但是不要让已经造成的错误干扰你现在的心情。做到这样是不是就能成功呢？还不能确定，还不能说你一定能成功，是不是能成功还要靠往后所做的事情。

他说要“制号政令”，用现代的话讲，就是下达一些指令或制作手册，要罚的，讲得清清楚楚；要赏的，讲得清清楚楚，而且说了就算数。可是在说以前，一定要交代清楚：什么样的错，我将怎么罚。不能出了错，才跟人商量我怎么罚你，或者做好了才商量怎么赏你。下属没有办法预先知道你要做什么事，如此则无法产生赏罚的功能。赏罚一定要让人知道，为什么罚，为什么赏，让人明确地知道标准在哪里，明确地知道尺度在哪里。“制号政令欲严以威，庆赏刑罚欲必以信”，这十六个字是两句话，指的是一个规则，一个条例。

下面这几句话，“处舍收臧欲周以固；徙举进退，欲安以重，欲疾以速；窥敌观变，欲潜以深，欲伍以参”，这是另外一件事情了。“处舍收臧”就是你准备自己的力量，动员和组织你自己的资源时，必须周到，必须有很稳定、很坚定的做法。你对自己的资源能够很稳定地掌握，不能从事一个掌握不住资源的冒险。“处”就是停下来，“处舍”就是扎营、安寨。“收臧”就是你的辎重、粮草、武器等资源，一定要很有把握地做到周全。头两句讲的是规则，现在讲的是怎样处理跟掌握自己手上的能力，再下来，这个能力要发挥出去了，“徙举进退，欲安以重，欲疾以速”。“徙举”就是部队的行动，进军、退军，一支部队派出去，一支部队临时停下来，两个都要做到，必须要“重”，就是小心谨慎，但是也必须要有速度，不能走三步就停一停。路要一步一步走，但是在行进的时候也要抓住时机，看见要做的事情时迅速地去掌握机会，所以“欲疾以速”，“疾”和“速”本身是一个事情，“疾”就是赶快，“速”就是速度，单单赶快而没有速度是不行的。下面这句话呢，谈到别的方面了：我要处理的环境、要攻击的对手、要打交道的对方，我要了解他。

前面一段都是自己安稳自己，能够完全掌握自己，后面才是对付敌人，对付情况。“窥敌观变”，“窥敌”就是看敌人所做的事情，寻找变化的端倪、变化的契机。一方面，必须要深入，另外一方面，必须要有比较，不能依靠一种信息来源。

“欲潜以深”就是非常深入地剖析，非常安静地去观察，但要“伍以参”。“伍以参”是什么意思？“伍”就是

"五"，"参"就是"三"，要拿三项五项、三种五种的信息来互相核对比较。换句话说，我们要知道自己的情况如何，要了解自己所处的大环境，也要了解竞争对手，不能深信一种信息，要从各种角度去观察；而且，必定要深入，也要安静，不能一厢情愿，这叫"潜以深"及"伍以参"。

等到真正交锋的时候，"遇敌决战，必道吾所明，无道吾所疑"。你一定要守着那条攻击路线，是你清清楚楚知道的路线，不要去走一条你没有完全把握的路线。换句话说，这六个战术是一个将领带兵的时候、作战的时候，必须要达到的六个条件。

我们看看从准备自己开始，一直到真正临敌作战的时候，一段一段，一阶一阶，由里往外推，没有一个阶段他不是特别强调要掌握情况，也没有一个地方他不是特别强调要知道自己在做什么。作战不能糊里糊涂，一定要有足够的准备以后再行动，而且行动要很迅速，一定要稳扎稳打，不能冒失，整个讲起来，就是"谨慎"两个字。

"谨慎"，今天认为这两个字的含义是异常小心，有时说这人很谨慎，也有时说这人虽然很谨慎，但胆子太小了。其实胆子小和谨慎不是一个事情，胆子小是假的谨慎，真谨慎绝对不是胆子小，真谨慎一定是清清楚楚知道自己在做什么。有一次严静波先生问我对他的评语，我就跟他说："严先生，您做事真是非常稳重。"他问我觉得怎么样，我说您"谨慎"是不错。他说，你说"谨慎"两个字给我听听看。我就解释给他听。他说不错，可是我给你归纳得更简单。他说，"谨言慎行"就是"谨慎"，但谨言不是不说话，慎行不是不做事。荀子谈六术讲了半天，就是讲要谨慎，但谨慎不是不做，而是还要做得很快，一定要能充分掌握你自己。这是六术。

《荀子·议兵篇》的五权

> **无欲将而恶废，无急胜而忘败，无威内而轻外，无见其利而不顾其害，凡虑事欲孰而用财欲泰，夫是之谓五权。**

"五权"不是五权宪法，而是五种权变，五种能够掌握变化的能力。"权"这个字不是今天我们讲的权力，"权"在古代是指秤砣。今天是放在天平上测重，过去我们是拎一根秤杆，挂一颗秤砣，这秤砣就是权，你要移动这个秤砣来平衡重量。所以权本身不是固定的，权是可以动的，是应变的方法；权是衡量，是动态的东西，不是静态的。今天讲政治权力、人事权力、社会权力，我们也晓得权力不是静态的，它绝对是个动态的东西。掌权的都忘了这一点。在这里所讲的权，是指五种变化发生的时候，心里要有的准备。

第一句话最不好懂。“无欲将而恶废”，“欲将”是什么呢？我希望我的国君让我去带兵，我急于用事，我急于要掌握一支力量、掌握一批资源去做好一件事情的机会，我求这个机会。“而恶废”，“废”是什么意思呢？字面上看是废除、废掉的意思，其实这个“废”是指失败以后的贬职。所以你不要急着有机会去做事，因而就非常讨厌、非常厌恶被排斥、被贬职。这意思是什么呢？你有了得失之心，在成功的背后，一定要时时刻刻想到失败。不能只想好的一面，不去想不好的一面。“恶废”，指有些人凡是讨厌的事情就不去想它。大家可能念中学的时候都晓得，有人问拿破仑的字典里面有没有“失败”这个词，拿破仑说我的字典里面没有“失败”这个词，到了最后，他大败了。拿破仑打仗打了一辈子，东征西讨，打出整个欧洲来，到最后却是一败涂地，他就是没读过《荀子》。所以，你不能只想成功，因忌讳失败而不谈失败。

下面一句话是上面一句话的翻版，“无急胜而忘败”，不要急于求胜而忘记了胜的背后隐藏了失败的隐患。追兵追敌人追到树林边上了，穷寇莫追，追进去说不定人家伏兵在里头打你一仗。胜和败是相对的两面，你一味求胜，就会失败。所以我喜欢看金庸的武侠小说，他的小说中有一个人叫东方不败，到了后来他常败；还有一个叫独孤求败，但从来没败过。你先要能够败，才能胜。这是五权里面很重要的一个观念。

“无威内而轻外”，这是另外一层观念了。你不要因为可以得到带兵的机会，得到做事情的机会，于是乎就把你的威风尽量发挥在自己家里，而轻视敌人。这个“内”就是你的资源、你的下属、你的部队，“外”就是外面的敌人、外面的环境。

“无见其利而不顾其害”，不要看见好的地方而轻敌，以至于未顾虑到太容易占便宜的后面，有一个吃大亏的危险。所以这个时候，你做所有事情，一定要深思熟虑，考虑周全。“凡虑事欲孰而用财欲泰”，而你用财，这个财不单单是用钱，而是包括你掌握的所有资源。用财时不要小气。用资源时，该用多少用多少，不要吝啬，这样你才能将资源发挥到极致。但希望大家了解，“泰”是用得舒畅，并不是叫你浪费。为什么用这一句话来结束五权呢？用这句话来平衡前面“……无见其利而不顾其害”这四句话，同样的事情，这句话是翻过来讲，在前面你太谨慎了，于是乎你就什么事情都不敢做。换句话说，你用你的资源的时候，要用得谨慎，但也不要抓住不放。因为事情已经计划、考虑得很周全的时候，应当怎么做就怎么做，不要束手束脚，牵制自己。这叫五权。

从六术和五权这两个方面可以看出来，荀子在告诉我们，做事情要事先做好哪些准备，以及做事情的一个基本态度。归根究底，是对自己要有充分了解，而且对环境也要有充分的了解。

《荀子 · 议兵篇》的至臣

> 凡受命于主而行三军，三军既定，百官得序，群物皆正，则主不能喜，敌不能怒，夫是之谓至臣。虑必先事而申之以敬，慎终如始，终始如一，夫是之谓大吉。

一个好的管理者，是得到了上面给你的命令或指令，就指挥部队，排定任务，并且分配每一条该走的路线，那么他们互相的关系也就安排得很好了。这里的百官，不是文武百官，是各级将领、各级干部。他们的整个工作流程，都已经排列得很有序了，所以能“群物皆正”。这个时候，你要处理的问题自然都可以顺顺利利地处理：你的上司要你怎么样，也不会使你改变想法，敌人的强弱也不会叫你忽然生气、忽然快乐，一切都排得有次序、有条理以后，你就是自己的主人。上面的人更换命令，不会使你改变整个工作程序，敌人的环境有所改变，你也不会因此而张皇失措。这种领导才是最好的，能够将自己的部门组织好、安排好，而且可以辨明各种变局。

“虑必先事而申之以敬”，做事情必先仔细考虑，但是最重要的是，你在处理的时候，心里有一个“敬”字。敬并不是恭恭敬敬、鞠躬握手，也不是“是、是、是……”这一类，敬的意思是“戒慎恐惧”，认认真真，拿一个事情当事办，常存心间，而不是马马虎虎、不好好处理。“敬业、敬业”，我们今天说的“敬业”就是从这个“敬”来的，所以敬不是礼貌，而是一个态度。我总拿敬和诚摆在一起，诚心诚意，拿全部的心力做一件事情叫作敬。“慎终如始”，比如走一百里路，走到第九十里路，就跟你走第一里路时是一样的。不能轻忽，不要说快走完了，这件事情快成功了，让我松口气，“终始如一”才是大计。

《荀子 · 议兵篇》的五无圹

> 计胜欲则从，欲胜计则凶。战如守，行如战，有功如幸。敬谋无圹，敬事无圹，敬吏无圹，敬众无圹，敬敌无圹，夫是之谓五无圹。慎行此六术、五权、三至，而处之以恭敬无圹，夫是之谓天下之将，则通于神明矣。

“计胜欲则从，欲胜计则凶”是讨论计划与欲望这两件事情。我们每个人都希望有最完美的结果，那是你的欲望，但是计划能做到的是你的实际，你不能拿实际的情况跟你的欲望画等号。有个比喻，说有个人死了，到阎王爷那儿去，阎王爷说：“你一辈子做的事情不错，下辈子你愿意投胎成什么，我愿意尽量帮你做到。”他说：“我希望父亲是宰相，儿子是状元，我一辈子无忧无愁活到九十岁，有一个老婆、三个妾供嘱使。”阎王说：“有这么好的事那我去好了。”所以你自己的欲望是一回事，实际的情况是另一回事，你计划时，不要拿你空想的愿望与现实情况混合在一起。

讲到“敬”的时候，有五个无圹，就是五种敬，五种小心，五种谨慎，五种诚恳，都是讲必须要充分发挥自己的诚心，全心全力地做事情。

一个人“敬谋无圹”，当记一个事情时，不能有丝毫疏忽，“圹”是偷懒、疏忽、旷废的意思，“敬谋”是你计划的时候要敬。“敬事无圹”是做工作的程序。工作进行的时候，要敬，不能懒散，这是两个阶段，一个计划阶段，一个执行阶段。“敬吏无圹”，“吏”是干部，我是带兵的将领，手下的众将官是我的吏，我对我的下属要敬，对他们诚恳，敬重他们。“敬众无圹”，对群众，就是打仗时我四周的老百姓，假如从企业的立场来说，就是我的客户、我们的社会，我也要敬，我不能玩弄他们，玩弄他们就是“圹”，最后是自己吃亏。你对你的干部，当然更不能玩弄了。下面这四个字非常要紧，“敬敌无圹”。你不要以为你谨慎小心，待人诚恳，一本正经，全心全意，只是对自己，你对敌人也要如此。料敌、知敌，以及制定对敌作战程序时，不能轻忽他，也不能玩弄他。你玩弄敌人，最后吃亏的还是你自己。

所以这五个无圹，用来解释敬的范畴。从计划一个事情，到跟敌人打交道、跟竞争对手打交道，没有一个阶段，不需以敬来应对。这不是一种哲学，而是一种态度，一种作风。能够做到六术、五权，再加以恭敬无圹，这就是天下之将，是能真正带好军队的将领。

我们拿近代的将领来看，第二次世界大战美国的两位大将，一个是艾森豪威尔，一个是麦克阿瑟。麦克阿瑟是天才将领，在西点军校读书时就是天才。麦克阿瑟是战略家，兵对他服得很，拿他当天神一样看。但艾森豪威尔是一个平庸的将军，在西点军校读书，三百个毕业生，他大概排第二百五十名，没有一个人怕他，而且他也没什么大的谋略。可是拿这两个人比较，谁适合派到欧洲战场上指挥联军，去面对不同国家的军队、不同国家的将领，以及一个极为强大的敌人？结果不派天才的战略家，却派了艾森豪威尔。因为天才战略家把事情看得太容易，他不敬；而艾森豪威尔事事都谨慎，最后艾森豪威尔得到的成功远比麦克阿瑟大。今天有人梳理了一下麦克阿瑟打过的仗，比如太平洋战争，其实打的是钞票战，要不是有那么多的炸弹，他不见得赢得那么快。他这个战略家，也不见得是真正了不起的战略家，而是靠钞票撑起来的。海湾战争的施瓦茨科夫，也是靠钞票撑出来的。

对一个将领来说，刚刚讲的这些条件从头到尾都是最平凡、最谨慎的做法。每一句话都在强调，要注意失败，要注意敌人，绝对不是你想做什么就做什么，要步步为营，稳扎稳打。至于管理，则要始终注意条理，次序明白，赏罚明白，规定也要明白，在明白的基础上建立起一个很好的组织，这是荀子的思想。

荀子所谓的兼并及坚凝

另外，荀子还谈到兼并与坚凝的观念。“坚凝”就是团结的、整合的共同体，一个整合得很好的共同体叫“坚凝”。战国时代，各国经常将敌人的土地或小的国家给吞灭掉，但为什么有的国家征服了土地，将这土地和人民整合在一起，而有的国家没有做到，他们将得来的新的土地、新的人口，很快就丢掉了？换句话说，站在我们今天商业或企业界的立场来讲，为什么有些时候我们可以开拓一片新的市场，但有些时候我们却不能掌握它，这就要讨论“坚凝”这个观念。荀子因为是儒家，他一定要讨论仁和义，孔子谈仁，孟子谈义，可是荀子自己经常加上“信”。所谓“坚凝”单单有仁、有义是不够的，还需要一个很重要的条件——信。要是人家相信你，你却不讲信用，则你无法将新获得的领土、新获得的人口变成自己的一部分。以信和仁义相比的话，信还更要紧一点。并不是要人不仁不义，仁义是非常重要的事情，但是有仁有义而无信的话，无济于事。仁义是一个人的品格，一个人的道德，不是社会上互动的关系。互动关系依靠互相信赖，这样才可以“坚凝”。信是维系上、下之间的关系，信也是维系内、外之间的关系。上和下是组织，内和外是你与你的环境、你与你的市场、你与你的客户之间的关系。基本上，荀子后面讲的，就是信、义而已。

有了信以后，你才能够化。“化”的意思是，有了信，长期的信赖建立起来以后，大家就不用每一次都说明条件了，因为有了约定俗成的观念，大家有个自然相处、自然合在一起的认同感，这就是“化”。“信”演变到“化”的时候，才是一个团体“坚凝”的时候，而坚凝的团体就不易打散了。我要稍微加一句话，是我自己在读历史、研究历史现象的时候发现的一个道理。这是个动态的演变过程。每个人都有发展的阶段，也有凝固、坚凝的阶段。下一个阶段，第二次的发展，必须建立在第一次的坚凝上面，没有坚凝，你伸展得再远也没有用处。所以安稳一下，发展一下，轮流进行的程序像我们的心跳脉搏一样，一收一放，一收一放，安稳、再发展，安稳、再发展。等到发展的局面安稳下来时，你的凝固的个体，属于你的这个组织，也就是你的大我，就比前一个阶段的我要大。我们从一个点扩张到一张网，发展到后来，网里的线可以结合起来，变成一个大的面。以这个面为新的出发点，而这个出发点就比第一个出发点大了，发展的能力就更强。第二个阶段的发展，一定比第一阶段的发展能力强，原因在哪里呢？原因在原来的核心已经和发展出去的边缘结合在一起，坚凝成新的本体。

所以坚凝的过程不是静态的，坚凝的过程是为了再一次地扩大，再一次地成长。没有坚凝，不能继续成长，只有失败。我讲过拿破仑了，拿破仑就是这么失败的。拿破仑的伸展非常快、非常远，但他没坚凝的本钱，他连法国都没坚凝下来，更不要说奥地利、西班牙了。他将弟弟派去西班牙做国王，刚生下的娃娃派去奥地利当国王，有没有坚凝？没有！一败之下，就等于全盘皆输。亚历山大东征西讨，一直打到印度的北边，大哭而回，说是没地方可以征服了。其实内部的分裂在开始。家里都没稳定好，就想征服外面的世界，人还没回家就死了，人一死之后，整个帝国马上崩溃。我们在生活中也可以看见，伸展得太快而自己垮下来的企业太多了，就是由于它们没有经过坚凝的过程。

法家的学说——《韩非子·定法篇》

法家对于领导及管理的若干理论

我们大家都把韩非子当法家看待，其实他本来是荀子的学生，所以他原本是个儒家。到荀子时代，儒家和法家的界限，老实讲并不是很清楚的，而法家到了韩非子的手上，可以说是集大成，将当时荀子、法家的观念综合成一家之言。韩非子运气不好，但学问非常好。他有一个同班同学叫李斯，就是秦始皇的宰相，两人都是荀子的学生。李斯读书不如韩非，学问也不如韩非，他到秦国去做事情时，就常常和秦王讲，我有个朋友叫韩非，如此如此讲法，我的朋友叫韩非，如此如此想法。秦王就说这个人不错啊，找来谈谈看。谈了以后，第一倒霉的事情是，韩非子是个口吃的人，讲话疙疙瘩瘩的不清楚，这已经是倒霉了。第二呢，他的学问实在太好了，李斯想，等到秦王听懂了韩非的话，我就没好日子过了。于是李斯找了个莫名其妙的罪名，说韩非是韩国的间谍，将他下狱，最后韩非死在牢狱中。他有些文章是在牢里写的。我们今天说韩非子是中国的马基雅维利，这话是洋人的说法，实际上他比马基雅维利早，应该说马基雅维利是意大利的韩非子才对啊！

若再就内容看呢，韩非子所牵扯的问题，讨论的深度，远比马基雅维利的《君主论》要广而深。真正讲起来，在今天世界政治学的发展史上应当有韩非子的位置，可是，古书难读，很多人也就不大管他了。他在政治学研究史上有着相当特别的地位。在我做学生时，美国正好从结构性的政治学转到功能性的政治学，同时也讲到所谓个人影响力的问题。到现在为止，美国的政治学在这三方面还没有融注在一起。而韩非子，尤其我今天要讨论的，就是他恰好用批判的眼光将个人的影响、法治以及功能三者结合在一起。我读研究生时是20世纪60年代，他老先生死的时候是公元前233年，距今已有两千多年，但他的研究却比现代的美国政治学超前。我并不是说中国人样样都好，只是说像这种情况，应该给他个公道。

韩非子代表整个法家的理论，是中国两千年来的文官制度的理论基础。中国文官制度是“儒表法里”，外面是儒家，里面是法家。纯粹儒表的话，文官组织不起来，就因为有韩非子的务实治理，我们才能见到汉朝一步步发展。从秦朝就有专业的文官，到汉朝有察举和纠察考核，一步步发展下来，才形成两千年来庞大的文官体系。人们常常诟病，说中国都是被官僚弄坏的。但是，这两千年来的文官体系，在世界上却是相当特别的，当别处都是贵族以自己的喜怒哀乐来收税、剥削老百姓的时候，中国多多少少有了一套成体系的规矩，老百姓不是那么糊里糊涂被剥削的。若与数百年前的英国法国相比，汉朝老百姓过的日子可有保障得多。我并不是说那时比今天有规矩，我们现在越搞越坏了，也并不是说一千七百年以后就没发展了，一千七百年以后人家发展了民主制度，天天进步，法制本身一天天合理，这是很了不起的进展。

整个来讲，世界的政治，各处有各处发展的速度，各处有各处发展的趋向，各处有各处发展的形态。我这学历史的人，就是想还给韩非子一个公道。他在当时的环境下能够提出一大套很合理的政治学理论，相当了不起。战国时代的中国是列国体制，不是一个国家，而是许多个国家。列国的竞争必须要求生存，必须要求发展，于是它们每一个国家都必须找出最好的方法，使自己的国力能发展到极大的限度。

战国时代每一个国家的政府结构，十年、二十年变一变，实验这个，实验那个，每个国家却经常不断地有内部的政治改革，有成功的，有失败的。最后到了公元前250年左右，战国时代各国政府的水平，以及其内部的复杂程度，跟普鲁士王国或路易十三时代的法国差不多。经济和政治的互动关系，比今天世界上很多国家还要剧烈。列国体制发展出来的政治体系，到了后来变成中国统一以后的大帝国的基础。虽然每一个国家自己的发展路程不一样，经验也不一样，但到了最后，成品看起来都很相似。一方面，互相学习，殊途同归；另一方面，发展的需求叫它们必须达到一定的水平。在大家都差不多的情况下，中国的统一就成为必然，也就是秦始皇的统一。不论秦始皇打也罢，不打也罢，列国到了那个情况，它们的制度、风俗、文化都一样了，也就自然会统一起来。所以，在世界历史上，战国时代的发展有很多特具启发性的意义。

今天我们讲韩非子，我选了两段：一段是“难势”第四十，一段是“定法”第四十三。“难势”讨论的是形成有潜能的形势。“势”是一个非常特殊的字眼，当时的含义和今天白话里“势”的含义很不一样。

慎到言势

韩非子讲“势”时，他主要讨论的对象是“慎到”。慎到，姓慎名到，他的作品只是零零碎碎、片片断断地散在各处，后来结集成了一本小书，他主要的文章都没留下来。慎到最大的贡献就是指明政治运作里面，有一个所谓形势，形势顺、形势逆、形势治、形势乱，都可以造成很大的差别。他第一句话说“飞龙乘云，腾蛇游雾”，当然我们晓得，这里并不是指真正的云，蛇更不会在半空里像飞弹那样自己飘着跑，是古代的传说如此。等到云雾一散，龙蛇跟蚯蚓差不多，龙蛇必须顺着一种情势，才有特别的威力，有云，有雾，它才能够飞腾，这是他的一个譬喻。等到龙蛇没有云雾作为工具的时候，就等于一个贤人没有适当的位置发挥他能力的时候。你再有本事，不给你机会也没用。诸葛亮如果没有刘备三顾茅庐从家里请出来的话，他还在南阳种田呢！

我们今天社会上还是有很多有见解的人，但如果没有相配的形势，他们就不能发挥能力。这就是慎到所说“势”的意思。而在别处，慎到说明“势”的情况有几个很好的比喻。有一个比喻是我最喜欢的：种田本来是用牛的，牛是庞然大物，但牛鼻子中间有个鼻环，这鼻环穿在最软的地方，鼻环上拴一根绳子，你就可以拉着牛跑。所以慎到说：一头牛，五岁大的娃娃可以牵着牛跑，牛听话得很，这是“势”。你叫一个大力士把牛的尾巴往后拉，是拉不动的，越拉则牛越往前走。这就是不同的形势，使这两个方面——小娃娃与牛的关系，大力士与牛的关系——造成了不同的结果。

另外一个比喻：有一根一寸高的木头立在一百丈高的悬崖上面，而悬崖下面，谷底里长了棵十几二十丈高的大树。你以个别做比较，那一寸高的木头当然比树矮，但是，从相对位置来看，这一寸高的木头现在高于树。所以形势决定了能力，势位高，能力就强；势位低，能力就弱，强弱都是相对的。慎到说的就是这种势。

今天讲起来，我们可以解释为个人能力，从政治学角度，我们可以讲贤人政治，或者人才政治，或者人才领导，指的是某一个人的能力。但是，在为个人的能力解释时，必须要配合慎到所说的：个人的能力有没有相应的位置匹配。所以慎到言势很有道理，在当时法家里面，也是重要的一家。所以他下面又举例：我们有一匹好马，一辆好车，叫一个平庸的车夫去驾驭这驾马车的话，一天走几十里，大家会觉得好笑。王良是一个很能干的车夫，叫他去驾驭这驾“良马固车”的话，他可以“日取千里”，即一天可以走千里路。这里，韩非子指明，单单讲形势，固然是很好，但只讲形势不够，还必须讲工具，而“良马固车”就是工具。你若叫王良驾驭个破马车的话，也一样驾不动。换言之，就是形势和能力必须要双重相合，我们才能讨论到政治的行为。形势如果造成了，一个普通人，只要不颠覆那个情势，是可以获得很了不起的成就的；反之，形势不好的话，即使一个最能干的人，只要落在那个形势里面，也会束手束脚，做不成事。所以韩非子说，假如我们一定要等最能干的贤能者来做官，这就太晚了，因为我们永远等不到。

“势”是可以无穷变化的，从零、一而变成无数。任何“势”都不是定在那里的，是可以转变的。而且“势”是自然的，但要去运用它的自然，而不是等待它自然发生。一个贤才，他要能够用“势”。假若有两位首长，一位能用势，另一位却是有了势而不能用，经比较之后就有所差别。其中一位也许没什么了不起的大能力，但是他能够懂得势；另一位也许没什么大毛病，但他不懂得他的势。因此千万人的命运，就取决于两种不同的作风。所以，怎样了解你的势，在变化中去运作它，这才可能在一个圣人的时代出尧舜，而在乱世出桀纣。

下面我们再用“矛盾”来说明形势，这里有个故事。一个人要卖长矛，也卖盾牌，因此就自己做广告，说自己的矛最锐利，任何盾牌都刺得穿；又说，自己的盾牌最坚固，任何东西都挡得住。而人家问他：“若以你的矛去刺你的盾，怎么办呢？”这就是说，在两种不同的形势之下，如果自己不加以调适，而固定地僵持在一个说法上，就不可以两立。形势是会改变的，若从不同的角度观察，会呈现不同的面貌，所以不能用一个东西去判断，一个尺度去判断，必须从不同的方面、不同的角度来解释同一个形势。有些人，适应一个形势用的是一种方式，适应另一个形势用的是另一种方式。如现代心理学上有一些测验的方法，在黑白图形上，有些人看见黑的部分说这是花瓶；有人看见白的部分，说那是两个相对的弧形。所以，观察形势，不是只有一个方法，而运用形势，也不是只有一个方法、一个角度。

大家常听过一个比喻：一个杯子里有半杯水，一个人说："哎呀！好可惜，只有半杯水了。"另外一个说："不错！还有半杯水。"还有一个常见的例子是，一家公司派两个卖鞋的推销员到非洲去，一个打电报回来，说不用卖鞋，因为这里的人不穿鞋；另外一个人说，好得很，这里人还没有鞋穿，我们有广大的市场。究竟后来哪个人卖鞋卖得成功，我不知道，但你可以看得出，两个不同的人，对他所面对的形势，可以有很不一样的理解，因此对应的方法也就很不一样。

一个领导者若是有能力可以从多方面去观察形势的角度、层面、层次，甚至于变化的方向都能看出来的话，这种人就是头等的人物。所以韩非子说，如果我们等好的形势出现，那么几千年等不出尧舜来；如果我们有了好的形势在那里，几千年不会出一个桀纣。我过去常常写政治论文，也经常提醒政治领袖们：形势稍纵即逝，因为形势是会改变的。形势不仅会改变，也可以被改造。改造和改变不一样，改变是你顺着它改，改造是你动了手术，叫它改样子。能干的领导者，不仅能看出形势，还可以将形势引到他希望的方向去，等形势在那里之后，就可以掌握它了，这就是改造。所以，怎么理解形势，是政治学、统御学上很大的课题。

以上所谈的是慎到的“势”，是当时的法学，就是法家所讨论的治学。下面再谈另外两派，这两派不是学派，基本上是两个国家的经验，两次改革的经验。

商君重法

大家从历史教科书上都晓得商鞅变法，其实商鞅不是“变”法，他是从没有制度中创出了制度来。商鞅所在的秦国是当时七国中文化水平最低的，而所有七国里，都没有一个制度化的结构。但商鞅在秦国创造了第一个制度化的结构、一套法令和一套管理体系。他将自然的村落归并成一个县，若干县合起来任命一个人监督它，建立起法令的权威。

而所有的法令是人人要遵守的，没有一个人能说自己有法外的特权。即使皇太子犯法，一样要受到处罚。在当时为了维护国君的特权，国君的马车不许别人用，这是留给国君的权威象征。但太子用了国君的马车，商鞅认为他犯了法，就要处罚他，可是在当时社会是不能打太子的，因此就打他师傅。又如，不许随便通行的专用道路，号称“御道”，这不只是供皇帝、国王使用而已，也是快速行军要用的道路，这也是保证信差可以走得最快的一个方法。除非有正式的命令，否则不得任意跨越。然而太子却走了这条道路，于是商鞅打了他师傅。以上是商鞅执法严正的实例。后来，太子即位，商鞅自知会受到不平的待遇，于是就逃走了。当初商鞅定的法是：没有身份证的人不许住旅馆。而商鞅在匆忙逃走之际，却忘了带身份证，于是投宿时被逮捕，最后，商鞅便死在自己规定的法律下。

商鞅的变法，从一个完全没有条例的情形下创出一套管理的制度、管理的方法，而且使它明白、确定、不许违背，但商鞅自己成了祭品，葬送在严法之下。真正讲起来，商鞅变法是第一次大规模的造法运动，而且他的法，是不许有特权的，所以到了后来，商鞅被尊崇为法家学派中最重要的一个学派。儒家讲个人，商鞅讲法，“法”是一个大家尊重的原则，而个人却是不断变化的。以上是韩非子对商鞅“法”的讨论。

申不害重术

申不害是韩国的一个贤臣，这个人是奴隶出身，但因为他的学问、能力，慢慢地得到君主的信任，变成一个政治改革者。韩国原是七国里最小、最弱的国家，但在申不害的手上，韩国政府变成最有效率的政府。

因为“术”，后人对申不害有两种不同的评估。“术”是什么意思？一方面，“术”是手段，用今天中国的术语来讲，政治玩权术、玩手段，也是“术”。所以“术”使申不害蒙受几千年的冤枉，说他只讲手段，只讲阴谋，只讲权术。其实是错的。申不害所谓的“术”，是讲一个国君要有一点权术，这权术里面包括他个人的控制能力，个人对群臣的观察……可是另一方面，申不害的理论里百分之八十以上不是讨论权术的“术”，而是管理的方法。这“术”也是技术，包括“因任授官”，就是根据你的能力给你官职——综核名实，就是当你有个官职时，你的名称和职务要名实相符，换句话说，给职位一个很明确的定义。

一个组织里每一个部分都有明确的分工，使这个组织成为有机体。各部分互相配合，没有一个部分可以超越其职权范围，这是术的一部分。第二部分是考核工作的成果。授官时，有很清楚的职权，告诉你担任这个职务，盼望你做出什么样的成果，你有多少权力，是清清楚楚的，并时时刻刻加以考核。而且申不害也许是第一个做统计学，用数字来考核的。以一个县长而言，考核成绩就看他的数字，出多少粮，纳（收）多少税，出多少兵，做多少公共工程，用“数”来核对县长的成就，就叫“循名以核实”，用数来责其实。总而言之，第一个就是明白说明位置，第二个就是考核工作。

今天所谓追踪考核，三年一大考、一年一小考，考核通过了，就更换职位，这就使得一个人的能力跟他的成就完全相契合。今天我们讲人事管理的方法，基本上还是申不害这一套思想。

韩非的综合

一个商鞅的法，一个申不害的术，韩非子认为这两个不能偏废。单单有法，没有执行的过程，法是具文，是空洞的；单单有术，而没有法来加以规定，也没有法来加以管制，那就变成权术了。法与术两个观念必须结合在一起，才能使一个政府变成有机的政府。所以《韩非子·定法篇》有言：“今申不害言术，而公孙鞅为法，术者，因任而授官，循名而责实，操杀生之柄，课群臣之能者也。”“责”是求实的责，“杀”是处罚你，“生”是奖赏你。“课群臣之能者也”，“课”就是计算衡量工作的能力，这个权柄属于领导者，他不用去执行，只要监督，执行是下面这些人的事情，上司管的是监督。又言：“法者，宪令著于官府，刑罚必于民心。”法规不能今天定了，明天就改。“宪令著于官府”说的是连领导者本身也要遵守，不然，没有办法传“令”，这本身有他的权威。“刑罚必于民心”，不能说有的人犯了错要受罚，有的人犯了错不罚，这样老百姓对法就没有信心。又言：“赏存乎慎法，而罚加乎奸令者也。此臣之所师也。”个人尊重法律、服从法律，而愿意接受犯法时的惩罚，这是下属的责任，所以韩非子说，要拿法和术合在一起，国家才有完备的运作机构。

又言：“问者曰，徒术而无法，徒法而无术，其不可何哉？”只用术而不用法，或只用法而不用术，为什么就不行呢？申不害说，法律一条条，旧的法律没有完全废止，新的法律又出来了，以至于韩国始终没有一个安定的秩序。韩国始终是人治，而不是法治，由于前法后令不能相配，解释之权就变成个人行为，这是韩国终究积弱的原因。申不害虽然使得韩昭侯继续用术，用他的一套人事管理的条例方法，但是他没有办法使韩国变成第一等的国家，就因为他有偏差，他只用了术，而没有一个大家共同遵守的法律的权威、法律的威信。

商鞅之于秦非常严格，法律规定犯法的人，共犯连坐，每十家编成一个保甲，互相监督。他赏非常丰厚，也很确定；刑非常严，也非常确定。但是到了后来由于没有一套人事管理制度保障，于是乎商鞅一天不在，一天没有好的贤相，秦国的法律就变成空的，所以秦国到后来就连续不断地失败。

以秦国和韩国这两个例子做比较，两者的偏差，都有历史上实际的证据。我现在衍生一下，假如一个企业，老板自己能力非常强，非常相信自己的观察力和判断力，他说喜怒赏罚都由我一人来决定，不做协商。哪个人做得好，我马上涨他的薪水；哪个人做得不好，我马上解除他的职务。这是不能让人家信服的，因为大家不晓得他心里的准则在哪里，心里的尺度在哪里。假如另外一家公司，什么规定都在手册上，而手册没人执行，这手册慢慢就被摆在一边，没人理它了。所以法与术要摆在一块儿才行。

同时，韩非子又做更进一步的讨论，他说申子没有真正懂法，所以申子讲“治不逾官，谓之守职也可，知而弗言，是不谓过也”。申不害讲，你一定有你的职守，超过了你的职守，不管你是对是错，就是越职。韩非子在另外几篇文章里面也提到申不害所说、所做的事：韩昭侯是韩国的一位国君，服侍他的宫中人里面有专管帽子的，有专管衣服的，有专管被褥的。韩昭侯在睡觉，打了一个冷战，管帽子的人就替他取被子盖在他的身上，韩昭侯醒了后，就处罚管帽子的人，认为不该他管的事他却管了，管被褥的也罚，该他管的他不管，两个都罚。因此申不害的理由是，即使你了解你的职务，但看见职务以外的事情你不该说，甚至不在你职务范围的事如果你说了，人家就说你越权了，即使讲得再对，也算违背你的职守。这样好不好呢？这不见得好。整体结构里，你除了守职以外，你对你的单位，你的整个组织，甚至你的领导者，总也有一个发表你意见的机会，不能只是守到自己的职务而已。但是也需注意另一个危机，假如没有很好的管理制度，就变成人人在说别人的闲话，人人要攻击别人，这就变成乱源了，也就是申不害本身想要防备的地方。而韩非子指责他防备过当。韩非子的意思是最好有一套法在那里，使大家清清楚楚地知道另外一个人的职务是不是已经逾越了法所规定的权力，或者没有做到法所赋予的权力，就是说，在互相批评、互相指责的情况之下，真要实行申不害的方法，领导者本身是最后的仲裁者，最大的困难在他变成仲裁者之后，法就没有权威了，他一定会超越法，所以申不害的人事管理，到了最后是他的缺陷。

接下来韩非子也批评商君的法有不当之处。说商君的法律规定得呆板，有功劳的就赏他，提升他的官位。其实一个人做事做得很好，马上提升他的官位，这会中断他本来做得很好的工作。如某人在战场上，战功很好，为了提升他却将这个战功很好的人调去做一个更高的职务，不是作战的位置，而是文职，这就违背他本来的能力所在了。商君定的升迁赏罚一定要有其规律。虽然有功必赏，但非常狭窄，狭窄到忘记每个人有专业的能力，每个人有专业的职权。换句话说，商鞅不注重分工合作里的专业知识和专业能力，只注重升迁的等级。这就是人事管理上职务不当的地方。

于是韩非子就说，以上这两个方法都有偏差。最后，韩非子自己的结论是，论势、论术、论法，三者必须结合在一起，才能使这个组织成为灵活的有机体。“法”是一个房子的结构，房子的架子；“术”是里面的各种部门，各个单位相关联的流程图；而领导者的“势”，是他能够掌握的形势以及每一级人能掌握的形势。机构也有生命，如一个人有骨骼、有血肉、有器官，还有精神。领导者要真正掌握精神，必须掌握形势。

所以一个好的政治体，必须是这三者的结合。不仅一个好的政治体，任何组织团体、任何单元，都应当有这三方面的结合。换言之，就是今天的政治学里面讨论到的制度跟组织的差别。组织只是一个结构，制度则是一个有生命的共同体。企业如果只是个组织，是没有用处的，企业必须变成一个有机体，这才有用。谁赋予企业这个有机体的精神？是企业中的每个人。若从上到下，每一个人都能够了解自己四周的形势，能够了解公司对外的形势、公司本身的形势，了解国际的形势……结合起来，整个公司的精神自然生机勃勃。当然，车间里的领班，他不用了解非洲市场好不好，而公司领导却必须了解国际形势。因此领班跟公司领导之间，必须要将各层的形势结合。如领班必须了解原料来源与成品制造的过程，以及工人的待遇好不好，工人的工作情绪好不好。这些综合在一起，才能使公司领导了解外面的大形势和自己的小形势，而种种形势的配合才使得公司最有效地进行运作。

人才、组织与资源

三国的形势及资源分配

现在要讲的是三国。我们一般的了解都是从《三国演义》上来的，可是今天的讨论，要将从《三国志》以及其他关于三国时代的典籍中得到的一些资料，作为我们讨论的依据。

我说三国，并不将它当故事，主要是考察这三个国家如何利用自己的资源、组织、人才以及运用自己的所长和所短；在竞争中，运用什么样的策略……我是从这个角度来讨论三国的。

首先讲的是三国的形势及资源的分布。大家都知道，三国是魏、蜀、吴三个单元，从《三国演义》上，我们看不出这三国资源上的差异，只看见一群人，不知道他们背后所凭借的是什么。魏国是曹操的力量，当时我们称它魏国，实际上有很长一段时间，它并不是魏，它还是用汉的名称，还是用汉献帝的旗号，号称是汉代的正统之所在。魏国当时地方是最大的，有十三个州，其所拥有的有七个半到八个州，继承了东汉最大的一片疆域，也是核心地区。可是中国北部，在曹操挟天子以号令天下时，北方中国已经衰败，于是北方中国的人口大量减少。当时的关中，司州、雍州这些地方，大概失去了至少百分之六十的人口。今天山西、河北干道上的地区，人口少了一半左右，这些人口流失不是在大乱的时候，在黄巾起义以前就大量地流失了。

人口的流失归纳起来有很多原因，其中一个很重要的原因，就是气候变冷了。中国有一个很长时间的气候变寒的阶段，而最寒冷的时候，大概是在南北朝的时候，开始冷是在东汉的晚期。由于气候变冷，北方的民族不易度日，就压到中国境内来，造成了边患。战争不仅使战区受到很大的损害，紧邻战区的地方也受到很大的损害。汉朝本来有个很好的征兵制，在那时，因为汉朝政局本身不太好，征兵制濒临破产，于是在靠近战区的地方就有许多强征当兵、强拉做役这一类的事情，造成了很大的混乱。而天气一冷，也使得北方的降雨量大幅减少，北方的土地本来就接近干旱，降雨量降低到一定程度的时候生产就差。所以在北方，曹操面临的局面并不好，有三分之二的地区，不是人口逐渐减少，就是生产几乎停顿；靠近黄河北岸以及更往北的，一般性的水利系统几乎都被破坏。人口流失，气候干旱，水利系统当然就没用处，造成了生产的极度萎缩。所以，虽然号称七八个州，实际上它的实力并不是那么厚实的。而且北方还有一大批流民，本来是难民，后来变成了农民军，就号称“黄巾”了。黄巾的人数很多，他们未必有真正的宗教信仰，大致上是受饥饿驱迫的流民。不可否认，宗教力量是驱使他们集合在一起的因素之一，但绝对不是唯一的因素。整体来讲，北方的资源颇为短缺。

曹操手上的军队，来自不同的地方，很多是地方长官带领的一些地方保安部队。还有地方的豪侠、地方上的领袖，也将他们的群众以家族系统组织起来，参加了内战。曹操拥有的人力资源非常庞杂，人数虽多，可是并不整齐，对他效忠的程度是非常低的，所以曹操掌握的天然资源和人力资源并不是真的居于压倒性的多数。可是另一方面，他占了一个正统的位置，身处中原，“挟天子以令诸侯”，这无形的资源非常重要，他可以用天子的名义封赏、任命官员，这是他的敌人无法抗衡的一个优势。

基本上北方的中国，只有几个地区保持着相当富足的水平，几个口袋形的地区，分散在五六处，并没有什么很强大的市场经济，所以北方经济可以说已经退回到一种自给自足的地区性程度，并不是一个全国性的经济市场。汉朝的经济，基本上已经有相当高的水平，可是汉末出现了很严重的倒退。

再讲到蜀国，蜀国的地区非常小，只有汉中盆地，加上四川的一个大盆地，这个大盆地分成三个地区：一个是以成都平原为中心的地区，它可以由此统摄到现今四川的边界；另外一个是以重庆为中心的巴东河谷，这就是长江流域跟嘉陵江流域合起来的地区；此外则是山地，人口相当少，而且里面有一大批人属于所谓先居民，不是汉人，住在山里面开始接受汉化，但并没有彻底汉化。他们有独立的组织，有独立的文化，汉人的人口就集中在汉中盆地和两个中心。

四川本来有相当大量的人口，可是在那个时期，户口的编制并不是很理想，编制上的人口跟实际人口有相当大的差距，我估计真实人口数大概是两百万人，但反映在户籍上的，只不过五十万，这个数字是很小的，不足以成为当年汉代一个大郡。但这个地区战乱比较少，长期繁荣，而且四川是天府之国，资源是相当丰富的。几项重要资源有盐、农产品，可是缺少武装作战用的马匹，缺少金属矿产。总的来说，四川的天然资源基本上相当局限。但四川有另外一个本钱——崇山峻岭，防守起来相当容易。在抗日战争期间，去过四川的人大多知道，你从哪条路进去，都要走很长的山路，一路翻过去，才翻得到刚刚讲的三个中心里的任何一个，而从一个中心到另一个中心，也是崇山峻岭，蜀道艰难。因此，地形的崎岖造成了四川很特殊的有利条件。

蜀汉本来还有一个地区可以归它所有，就是今天的汉水流域，也就是小说上所谓的荆州。可是，自从关羽被东吴突袭以后，荆州本部就失去了，只剩有荆州的边缘，以及非常崎岖的山地，就是今天的湖北和四川边界。我小时候在那边走过，可说是穷山恶水，可是它有战略上的价值。蜀汉的前半段，力量很单薄，可是蜀汉的后半段，通过南征，在南边得到了一大片新基地，后来云南、贵州以及广西的部分地区，就是诸葛亮南征时获得的，是中国最难走的山地。这里的资源，有四川没有的东西：铜矿、锡矿、铁矿、盐池……还有滇马。滇马体形虽小却仍可用于作战。大家很难想象，崇山峻岭中能产马。中国西南纵走的山谷，从云南往北一直连到甘肃、青海，这条山谷地带，是南北走向。自古以来，从北方草原向南走的话，就得进那条纵谷。草原里，游牧民族可以去，天然的动物像马、驴子，也可以顺着这条路下去，所以云南就出产滇马，能作战，耐力好，尤其是走山地，可当作长途跋涉时很好的运输工具。所以蜀汉的地方虽小，人口跟北方比也少很多，可是有这几个特殊的优势。再加上刘备刚巧姓刘，和东汉王室真正的关系虽然淡得很，但他仍可以理直气壮地号称汉室正统。

再讲到东吴，东吴当时包括孙吴的基地，在早期的时候相当局限。它是长江三角洲加上沿长江下游的谷地，和一些湖沼附近的谷地；再一个部分是长江以北的地方，这是东吴最基本的基地，人口却相当多，因为东汉人口的南移，是一个长期的过程。大概从公元五六十年开始，就有大量人口向南移了。除了汉人南移，南方本来的一些少数民族，也因为跟汉人接触，逐渐汉化，采取了汉人的农业，也采取了汉人的习惯，使加入南方的人口变成一个混合体。这样，南方人口不仅数量相当大，而且基本上所占据的地区，在当时都是气候温和、雨量充沛、适宜农耕的地区。北方在变寒的时候，南方并未受此影响，所以虽然地区很小，等于只有长江三角洲和沿江的谷地，以及鄱阳湖附近的谷地，但东吴人口当比蜀汉人口多一倍以上，而农业地带的资源更远比北方多。

商业方面，因为南方正在开发扩张，有一个相当庞大的地区经济，超越每一个小地区的范畴，可以说南方经济体系已有相当强大的市场功能。南方矿产品如锡矿、铜矿、铁矿都有，盐要靠沿海的海盐，几乎没有马，可是有很多牛。通水运的航道，是南方一个有利的经济因素，靠河川湖泊的水运，可以有大量的货物来去，甚至可以说，人口移动都是沿着水道进行的，这是北方所缺少的有利因素。可是在精神上，东吴一无依据，既没有一个天子可以挟在手上发号施令，又不姓刘，它姓孙，所以东吴的号召力就很弱。

以上是我讲的形势和资源的分配。基本上看起来，虽然三家的力量，在纯粹的地区层面上，从地图上来看，非常不均匀，但就我刚刚讲的资源分布，截长补短合起来，就相当匀称，三家可以做三角对峙的对抗。也因此，三家都要争那个接合部——荆州，也就是长江中游的地区。曹操要发兵袭取荆州，但刘家还没进四川，就必须与东吴孙家联合兵力来保这个荆州，而等到曹操退回北方了，孙、刘两家之中，刘备取得了四川，东吴跟蜀汉之间，又必须争这块地方，这中间的筹码极大，谁若取得，就可增加一倍半的力量。这就是他们为什么要在那儿互相争战，这是一般的形势。

以上我讲的不是故事，而是真正考据出来的材料。为什么讲这些事？因为任何企业都要衡量自己手上有多少资源。资源内部的性质，并不完全是有形财产，资源里面可以包括很多看不见的财产：人力资源、人才资源、机会资源、物质资源，这些都是必须要考虑的因素。而资源总和是许多看得见、看不见资源的综合体。拿这三个国家来代表三个企业团体的话，你会发现它们三个资源的情况，基本上是势均力敌的。

大家手上都有资源，孰胜孰败，就看如何运用资源。一个人是不能单独运用资源的，要有一大群人共同运用。换句话说，就是要善用资源条件。领导人要能善用人力资源，有了人力资源，才能运用物产和其他资源，如财产、知识……也就是说，能不能真正动员资源，全看手上有没有人力资源。应从这个角度来看我们下面讨论的两个问题：一个企业有多少人力资源，以及用什么方法动员和团结人力资源。

曹操的用人及法家治理

先谈曹操。曹操手上有什么样的人力资源？他有中原最大的一批精英，最多的受教育人口，这些精英大致在东汉已经发展为以大家族为中心的力量。大家族本身具有两个因素，一个是财产，一个是血缘的共同体，这两个因素结合起来，使大家族往往可以凝聚一大批有用的人力。好处是：曹操只要能抓住这些大家族领袖，就很容易掌握大量人力资源。坏处是：每一个大的集团，都有自己独立的取向。你能叫他跟你合作，但你也必须注意他们本身有自己的力量来源，时时刻刻要先顾及内部的利益。曹操手下有五十几个这种集团，所以他必须设法在自身利益跟这些集团利益之间取得一个平衡。

举个例子，假如你今天是个大企业家，下面有许多分公司，如果每个分公司不是你发展出来的，而是加盟进来的，有的是自愿加盟，有的是非自愿加盟。总公司和分公司之间始终要寻找这个很微妙的平衡，而主要的条件是互利，只有互利，分公司才愿意加盟，愿意跟你一起操作一个大盘子。曹操用的就是这个办法，使得这些人加盟之后，每一家都拥有自己特有的利益。在特有的利益之外，他们必须依赖曹操的中央力量，使得他们能够得到更多的安全。曹操用什么办法呢？第一个是利用“挟天子以令诸侯”的特殊地位，给予这些加盟的集团一些特殊的名分，使他们在当地的力量合法化。不是因为他姓曹，也不是因为姓夏侯，才能得到特殊的地位，而是因为中央政府委派他做官，所以他是合法的，这是一个很特殊的身份。

第二个是将中央作为一个总的转运站，接济各处的不足。要做到这一点，曹操必须发展一个相当集中的资源中心。为什么曹操要将皇帝从洛阳搬到许昌去，就因为洛阳残破，不能发挥核心地区的功能。他必须迁往新的地区许昌，后来再发展到邺郡，这两个地区就构成了他的新资源经济核心区。但光有地是不够的，还要有人力。曹操安顿了大量的黄巾义民，将这些流民安插在这两个新核心地区里面，从事生产工作，结果曹操就拥有了别处没有的新的资源中心。这个中心跟各小地区比具有明显优势，中央有足够的实力帮助它们，这是使得分公司愿意依靠总公司的原因。有一大堆集团后，曹操仍需建立最忠诚、最有掌握能力的几个公司，他就以曹氏和夏侯氏为主体，用他的亲族作为最核心的力量；他早期吸收进来的一些集团则变成内圈。核心加上内圈，总数不超过十个单位，以这一群力量足以平衡里外五六十家的力量。但如果五六十家合起来，甚至五六十家的一半合起来，或者三分之一真正合起来，向中央挑战的话，他也吃不消。他必须一方面构成自己的中央优势，另一方面要保持五六十家对他的向心力。这工作并不容易，必须经常进行谈判协调，甚至要拿出自己的资源分享，以获得手下的拥戴。一方面，他继续不断地给人特权，让部下扩张自己的力量，但是又不能让他们扩张到跟别的集团发生严重的冲突。做这个协调工作相当困难，因此在曹操时代，始终没有东汉的第一级地方政权。

东汉分作十三个州（州就是现在的省），曹操政权的州的统御权很有限，换句话说，他不容许有各州直接结合起来向他挑战的可能性，也不能容许各个州互相作战，中央直接扮演协调角色。其手段是：一方面，主要的力量都有重要的人物参与中央政府的运作；另一方面，这些参与中央政府运作的人，也就变成了“抵押品”。譬如说，我有一个州的力量，但我的弟弟在中央政府做事，一旦中央政府有什么消息，我马上能知道，而弟弟也能将我的意思很快地带给中央。可是同样道理，我最好不要造反，一旦造反了，我弟弟还押在首都。当然，今天企业的总公司，不能把分公司领导的儿子拘禁起来，可是代表性的参与还是可以发挥作用。

曹操的统治方法的运用，不能靠儒家的伦理来帮他解释，他必须另有一套理论系统。于是，他用法家的理论来作为他整个统治的理论基础。一方面他尊重大族的权利，另一方面他强调用才，而不在乎道德。儒家则是非常重视道德的一个学派，所以当时有“才能”跟“性格”可不可以分开的争论，儒家说不能分开，儒家口中的贤能，这个“贤”字具有双重意义，既是好人，也是能干的人。儒家认为，一个能干的人没品德的话，越能干，越会做坏事，这不叫贤人，叫奸人。曹操就说不然，才能跟性格可以分开，才干是一个事情，品性是另外一个事情。我只用他的才，同时用另一套制度来制衡他，使他坏的品性不能危害于我。曹操基本上是用了申不害的那套“术”，用考核，用选拔，同时有相当一部分用的是权术。后世之所以对申不害那么不理解，不懂得申不害“术”的真义，曹操是要负点责任的。曹操解释申不害的“术”时，总往权术的方面去解释，而不从方法的方面解释，基本上他以此为理论基础，结合管理，控御一个原本分散的集团。有了这些之后，各地的地方资源才可以凝聚成为一体。所以在曹操这个集团里，我们看见最重要的连接点，是中央与各地大族的领袖，在这一个连接点之下，即大族底下的事务他不干涉，听任他们自己去组织。换句话说，分公司的加盟，是以一个领袖加盟的方式出现的。

诸葛亮与法家及蜀汉的权力分配

讲到诸葛亮，我们应该先讲刘备，不过诸葛亮是中国历史上很少见的一个典型。诸葛亮运气说好也好，说不好也不好。运气不好的是，活得不够长；运气好的是，他成为中国历史上，甚至包括西方历史上都难得的这么一个几乎没有贬语的人物，历史上几乎都是说他的好话，这是他的幸运。而到底诸葛亮的人力资源在哪里呢？

大家晓得隆中对策，晓得三顾茅庐，诸葛亮曾在今天的襄阳、樊城（当时叫作南阳）一带加入了刘备的集团。有一批荆襄的知识分子，那时身处中原的边缘。中原混乱，他们逃难到安全地带，第一个落脚点便是汉水流域。这里地方不错，人口不太拥挤，诸葛一族也是流亡到那里去的知识分子家族之一。这一批流亡的知识分子，在当地构成了一个新的集团。他们跟当时首都洛阳的知识分子心态和想法不同，他们远离了中央，没必要做官，他们有很多自由的讨论，于是构成这一批人活泼的学风，也构成这一批人不去管儒家经典，自由追寻学问的特点。在《三国演义》里，可以看到诸葛亮的一大堆朋友，庞统、司马徽、徐庶等都是这一群人中的俊杰。老实讲，三顾茅庐是他这个集团共同计划出来的一个策略，推出朋友中的一个人，就是诸葛亮，先打广告，打得很响。做出广告，将他当作一个领袖，打入刘备的阵营。用这批知识分子的文才，配合上刘备的武力。刘备当时无家可归，进入四川后才有发展空间，等到荆襄集团入川时，刘备依仗的便是这些当时全国人才的精华，一群作风很特殊的知识分子。

四川当然也有一批地方人物。四川地方办学，从西汉就开始了，并且做得很成功。四川的经济资源好，所以四川本地也有一批地方性的学术精英。虽然人数与水平跟荆襄比要稍微差点，但是占了土著的地利。为什么差一点？因为它地方性太强，不像荆襄集团，是来自各方的人物，都在那儿聚合，互相交换心得、互相影响，其成员强、智识范围广、知识水平高。而四川地方教育眼界比较小，想到的是地方利益，同质性非常高。但巴蜀人物是土著，有强大的经济基础及社会基础，不像荆襄来的一批是流民，是没有地盘的。诸葛亮就靠这两批人物构成了他的人力资源，他将外来知识分子跟当地知识分子相结合，结果结合出一个非常巧妙的格局：自己是丞相，代表蜀汉的中央；他又是益州牧，代表地方。于是，在州郡的体系里，是地方知识分子掌实权，亲民，直接管理动员及支援的工作。中央政府、丞相府里荆襄人士最多，他们是诸葛亮的左膀右臂。而诸葛亮自己就担任了荆襄人士和地方人士的协调者。诸葛亮对地方人士给予极大的尊重，因为地方人士有实力。他给地方人士两个极大的权力，一个是用地方人士来做纠察，不仅纠察政府，连刘备都在纠察之列。另一个是谏言。法正谏刘备，刘备不敢不听，这是个很巧妙的运作。一方面使得刘备受点约束，另一方面使得地方势力有充分参政的机会。

至于对魏作战，他用的是刘备带来的兵，以及马超的凉州兵。马超在《三国演义》里面是一员猛将，马超的重要性在于他代表凉州的兵源，兵强马壮，是蜀汉的主要武力。刘备和诸葛亮有一批武装力量是靠北方来的雍凉地区的人。可是雍凉地区的武装部队，和荆襄与益州的文官体系分属两个不同的体系，二者要结合的话，诸葛亮要做协调者。他的做法跟曹操完全不一样，曹操是用权术，诸葛亮则以恩义相结，以公平待人。公平待人必须有个明确的标准，所以他又是法家了。他将他的标准公开、明确地交代给大家，他还有一套非常公平的考核制度，使大家都知道：违背了约定的话，就要受惩罚。所以诸葛亮用刑相当严，惩罚相当重，可谁也没有怨言，因为被罚的人自己也知道是该罚的。别人不能说，你诸葛亮存心整我益州人，你在歧视我们地方力量。因为诸葛亮一样惩罚荆襄人士，一样惩罚凉州兵，他拿出来的条文是一致的，规定一致，惩罚过程一致，考核过程一致。

在做到公平的同时对人有恩有义，才使得诸葛亮的协调非常成功。他动员这三群有限的资源，结合成一个非常灵活的组织体。此外，他的政府分成两个系统，一个是政务官系统，另一个是常任文官系统。各位如果看《前出师表》，你可以看到他推荐给国君的，没有大将，没有高官，没有做州郡长官的人，也没有朝里做丞相的，他推荐了蒋琬、董允，这些人可以辅佐皇帝；另外一位是将军向宠，他做的是管理军队的后勤补给、升迁调派……不是军令系统，而是军政系统，叫作“督”。他委任将军向宠做军中的督，是经过了众人的推荐，他咨询了大家的意见，说这个人公平，他才用这个人做“督”。向宠不指挥作战，只做军队的后勤行政工作。

由上述可知，除了通常我们看得见的官员、执行者和决策者，诸葛亮还有这么一批专门做管理事务的人。诸葛亮“六出祁山，九伐中原”，国内还治理得很好，就是因为有这么一批常任事务官在那儿。我们今天总是忽视常任官，每一个常任官做得好了，就向上升迁，永远没有留在那儿专门管事情的人，这是个很大的错误。而诸葛亮所做的这些也是靠着法家的理论。诸葛亮自己注解申不害与韩非子，可是他不像曹操将才与性分开，他是才性相合的，也是儒法两家合起来的理论。所以诸葛亮辅助刘阿斗（刘禅），总是劝刘阿斗“近贤臣，远小人”，他是注重品德的，不是只注重才能。诸葛亮的法家，是儒法相掺的一个理论，可说是真正直接衔接、继承汉朝的一个思想体系。不过他没有拿汉朝举孝廉的那个制度在四川彻底执行，因为他不想因为举孝廉的制度而颠覆了他三批人才的平衡合作体制。再加上察举，地方力量一定会将荆襄力量与凉州力量排挤掉，而地方力量是无法单独支撑大局的。这两大力量，一批凉州力量，一批荆襄文人，不能完全从地方上出来。因此诸葛亮不采用汉朝长久执行的地方选才制度，而是用这三种力量相掺的制度。

当然，假如说诸葛亮活得更长，或者蜀汉维持得更长久，我想他必定要改变荆襄人士子孙，也必定要慢慢建立地方基础，凉州武力必定也会产生文才。但是蜀汉没有维持太长久，第二代基本上没有出现，所以就没有发生中间要转型变成另外一种更适合地方性的制度。如果到了那个阶段，就必须转换出一个新的体制，要有良好的人才来源及人才培育制度，重要的是在落实本土化的同时，又不将外来人才投闲置散。

东吴的内部结构

再讲东吴，东吴完全是另外一种情形。东吴的人力资源都是地方豪强，是早期移民在当地形成的大户，掌握一群人口。一家大户就变成一个军事集团加上经济集团，种田也是他们，作战也是他们，所以大户都是世袭制，拥有私兵和自己的地盘。这种形势与北方的曹操很类似，不过，东吴大户的数目更多。东吴拥有私兵的将领有上百人，重要的有五六十个，但每一支私人军队的人数不多，有五六百人，最多也就是上千人。这跟曹操在北方动辄几万人的情形完全不同，所以东吴面临的是：怎样将私人军队有效地集合在一个团体里。孙权没有可以号召的名位与家世，因此只好以结盟的方式聚合这些武装部队。每支武装部队都有两个名号，一个是将军的名号，一个是地方长官的名号。孙权基本上是不能动他们的，也不能调他们离开自己的基地。孙权靠的是跟他们利益一致：抗曹，抗北方。此同仇敌忾之心，是维系这些力量的主要动因。

到后来，他也拥有了一批从北方跑来的文人，数目远比到四川的少，可是也有人才，譬如诸葛亮的哥哥（诸葛瑾），就跑到孙吴去了，这些人加上南方很少数的一些，像鲁肃、张昭、张布这些人，变成他参谋业务的主要人物。因为他们人数少，不能构成荆襄集团那样一个可运用的资源，只够充任孙权中央朝廷的重要官员，全靠这些人帮他筹划第二阶段的政策。第二阶段政策就是给予这些私人的武装部队（譬如程普、陈武……）扩张的特权，使之合法化地向腹地开拓，由此取得的土地与人口，包括早期移民的后代，或者没有编入户口的少数民族，都变成了这些私人军队的新成员。换句话说，因为合法扩张，经由协调与分配，每一家的扩张，不至于惹动别家。后果就是疆域扩大了，人口也增加了，而所有加入他集团的单位，每一个都感觉到加入这集团的好处，因此他们共同拥护孙权。身为领袖，孙权的办法是以恩义相交结，用的是个人感情。所以三国之中，孙权没有用法家，也没有用儒家，完全用私人感情。孙策、孙权两个人与周瑜的关系，完全是私人的恩义，与张昭、张布几个大知识分子的关系也是私人的恩义。孙氏也利用婚姻，结成一个很复杂的姻亲网，使大家都成了亲戚。

我们上面讲的魏、蜀、吴三家，可以代表三种公司形态：曹操是总公司加分公司；诸葛亮办的是三合店，三家力量，三合公司，一个管生产，一个管扩张，一个管贸易；孙吴的公司则是加盟店，或者靠行。所以这三种形态，在政治上，我们可以根据其反应与转化加以推衍，在企业经营方面，一样可以有这些形态的出现。要说它的长处、短处、好处、坏处，该做不该做，我没有意见。曹操在小说里被写得那么坏，其实也不是那么坏。刘备对人其实也没那么好，有的是小说写出来的。诸葛亮我对他有点偏心，我不愿意讲他的坏话，但要说诸葛亮真正完全没有过错，怕也不见得，他只是尽量做到公平就是了。他在开山路时，去过四川的人知道有种路叫“栈道”，要在岩石上砍出小路来，路不够宽，只有三尺，再用木头撑出去一个架子，叫作五尺道。开这种山路是很难的。诸葛亮在开路工程里，儿子、侄子，统统下去做，公平得很，不因为是自己的儿子、侄子而有特权。他有一个非常宠信的荆襄集团知识分子马谡，马谡失守街亭，回来不仅被斩首，诸葛亮也向朝廷请求将自己的丞相官职革掉，贬职为中郎将，代行丞相事，不再居丞相的位置，还罚减自己的薪水。这样子，大家才觉得这个人是公平的。他曾处罚了两个地方领袖。一个是李严。贬了父亲，却起用了李严的儿子。另外一人是廖立。诸葛亮去世，廖立大哭，说："诸葛丞相在，我还可能回朝，从此我再也不能回朝了。"罚了他，他还心甘情愿，就因为诸葛亮公平。

孙权这一家，因为以恩义相结交，所以不讲法律讲人情，相对地造成了严重的后遗症。到了后来南朝时，南方大族终究在这上面吃大亏。虽然东吴被西晋灭掉后，北方大乱时，南方建立了南朝，但长期马马虎虎讲人情的传统，使得南方始终没办法真正建立起一个法制组织。因此在少数民族内迁以后，虽屡有机会，南方诸朝却始终不能统一中国，南方的力量始终是被局限的。不过东吴在当时却有相当大的功效，因为加盟店的办法，自由来、自由去，我跟你是朋友、弟兄、亲戚，虽不能有长期的制度，却可收一时之效。

第三章

成功与失败

最健全的企业机构，不是有个很能干的董事会，也不是有一个经营之神，一个好的公司必定是一个很健全、很周密的管理体系，而这个管理体系，必定是不僵化的，必定是灵活运用的，必定是能够从下层往上提升……部门与部门之间的联系必定很灵活。

成功的英雄：列朝开国的规模

组织的运作

本章所讲的主要是历史上朝代的兴亡。但是请大家注意，我现在讲的，并不是历史，是拿历史作为例证，来讲组织及组织内部的结构。前面所谈的，基本上是作为一个领袖本身可以发挥的功能，现在我是从组织整体来看，看这组织内部应如何运作、如何配合才可以比较好、比较健全地坚凝。所谓坚凝，就是把组织变成一个有机共同体，发挥各种人力资源的作用，以此完成他们自己确定的目标。第一章我讲到远见，有了远见才能走向使命。当然因为我讲的是历史，所以有些事情需要在历史方面有更深的了解。各位如果能够找到钱穆的《中国历代政治得失》，他在那里面说的许多事情跟我今天讲的会有相互印证的地方，不过不会完全一样。因为钱先生的着眼点是兴亡得失，我的着眼点是组织形态的运作。可是用他那本书来看的话，可以让大家在了解史料、史实时有所依据。

假如对中国历史有更大兴趣，我建议看钱穆先生的《国史大纲》一书。这本书写作的格式是相当特别的，高抬一格是提纲，矮一格是叙述，更小的字是解释。钱穆先生这一部书，我总觉得是史书中的一部宝典。对不学历史的人来说，它的文字不是那么好懂，他引证的东西，也只引证一个题目，很多东西还要大家自己去查考，也并不那么方便，但《国史大纲》确实是一本非常重要的学术著作。

首先，我想举四个朝代作为例证。我并不是将这四个朝代本身的发展作为全部讨论的焦点，而是着眼于其中的结构。在上层、中层、下层配合建立起一个有机共同体的过程里，他们在凝聚一个朝代的力量时，曾做了些什么事情，这是我们要探讨的。

任何政治朝代建立的过程都不是容易的，他们都一定有许多敌对者，最后如何将人群融合在一起，变成这个政治权力的支持者，这也是我们今天要了解的部分。

我虽然说的是朝代，但实际映射的是一般性的组织，不过拿朝代作为一个例证而已。

西周的包容：上层的坚凝

先说西周的包容。西周据以兴起的环境是一大群小的邦国，邦国内部的结构，都与部落国家相近，有一部分正在从部落酋长制向国王统治制度演化。西周必须面对很多不同的民族，以不同的政治形态在不同的地区求发展。

在西周之前，有一个商朝，商朝统治的地区很大。西周要如何征服商朝的地盘，而且超越它，将别的邦国也都笼络在西周庞大的体系之内呢？

当时各地区小国家的文化很不一样，甚至种族也不一样（我是指文化意义和语言意义上的，血统上已经一样，都是黄种人），如何将这些语言不一样、文化背景不一样的族群与国家合在一块呢？西周采取的战略，是将各个小国的统治阶层聚合在一个大的结构里面。在商朝，这些族群有些是屈服于商朝的军队之下的。商朝有相当庞大的军队，也有比较高的文化水平，可以强迫附近的小国向商王进贡，服从于商王。西周没有这些条件，西周在文化水平上比商朝低；军事实力也逊色得多，因为人口规模小，没有庞大的军队。西周的疆域也不是在当时的中原，而是在西北，今天的陕西一带。但是为什么到后来“开周八百年”，即“周”这个名称维持了八百年之久呢？等到东周时，固然中国又分成许多国家了，但大家都承认，自己是华夏的人，自己是周人，为什么有这种认同呢？就是由于周在开始时，就将散在各处的部落与小国的领袖们都收纳在周人的宗法封建网络中了。

先讲亲属关系。在周代以前，中国人和任何其他地区的国民一样，并没有特别的宗族（同姓、同氏）观念。而到现在，全世界所有民族里，中国人最注重宗族、家族，这种重视亲属的文化传统就始于周代。周人用宗族结构使得王室和各地的领袖建立起一个密切的关系网。同姓（姬姓）的族人永远与周代的大宗、王室的大宗保持亲密的宗族关系，也保持大宗和小宗、本家与分家之间的从属关系。而本家或大宗对分出去的家，分出去的氏，总是给予相当大的帮助。这个宗法制度，将周人的姬姓联系在一起；但这还不够，还有许多异姓，即不同姓的国家、不同姓的部落，于是周代就用婚姻将他们联系在一起。周代是中国第一个百分之百肯定同姓不通婚，要和外姓结婚的朝代。同姓不婚到现在还是我们中国人婚姻制度的主要特点。这个办法使得其他国家的领袖都变成周人的亲属。

但是这还不够，周人在分封诸国的时候，在每一个国家，不仅有周人的子弟作为征服者、作为派遣军与驻防军的司令官，同时还有已经灭亡的商朝留下来的部队，跟他们一起过去。在周人的统治结构里面，在他们各处驻防的部队里面，总是有相当多的商人部队。周人并没有去防备商人部队叛乱，防备他们革命，反而将商人变成并肩作战的兄弟部队。在分封国家时，鲁国也罢，齐国也罢，无论哪一个受封的小国家，其内部的统治群，一定包括当地的领袖。以齐国来说，齐国的统治者是姜姓（姜太公的后代），姜姓跟姬姓，是世世代代结为婚姻关系的，姜姓的夫人们，常常姓姬，姜姓的女儿，经常嫁到姓姬的人家去。而在齐国的驻防军队里，除了有姜姓的部队，还有几支部队是姓子的，就是商人的子姓，而齐国的部队里，同样有许多山东当地的部队，姓不同的姓。同时，齐国朝廷里有两个代表周王室的姓氏，一个是国氏，一个是高氏。这是一个联盟的国体，使得周人将统治阶级的上层凝固成一个很紧密的集团。对过去的敌人不歧视，将他们转化为亲属，让他们参与统治，让他们变成统治阶级的一个分层，变成亲戚，变成朋友。

更要紧的是，周人提出一个“天命”的观念。周人说，商人的亡国是因为商人的品行不好，天神不喜欢他们，上天不喜欢品行不好的人，所以天命转移于周人，命令周人去惩罚、去代替不好的商人。周人也提出了一些具体罪状，这些罪状是政治上的宣传，并不完全可信，不过也有一点点考古的证据。殷商文化的遗址中，喝酒的杯子、喝酒的罐子多得很。周人的遗址中，酒具就非常少，比例相差很远。所以，周人骂殷商的许多话里头，是有几分道理，不是全部乱编的。周人说，我们按天命征伐商人，可是周人也不断对自己人说，天命是随时可以转移的，若自己做不好，天命就转移了。天命是一个普世性的观念，没有偏差，不对谁特别偏爱。这个天命观念，使得统治阶层在警惕自己的同时，不再分你我，因为大家注重的不是过去的背景，如姓什么、哪个部落、哪个族，而是天命在不在此。天命转移之后，就被另外有天命的人代替。这个观念，和犹太人所讲的“我们是上帝的选民”想法很不一样。周人在几千年前就能脱离这种族群优越感，是他们能形成上层坚凝的很重要的原因。

汉代政治权力的基础：中层的坚凝

东周时代，天下是分裂的，长期的分裂后由秦始皇统一。秦始皇统一的事，我们以后再讲。汉朝是中国很重要的朝代，至今我们还自称为汉人，基本上中国的语言群里，百分之八十七的人是属于自认会说汉语的族群，这汉语包括今天所谓的北方话、南方话，乃至闽南话……所有的话都属汉语群。汉的名称成为中国的正字商标。那么汉代为什么能够维持四百年，中间虽有短暂中断，但很快又续上了？基本上，汉代的日子过得不算差，汉代老百姓过的日子与他们同时代的罗马帝国的老百姓一比，可算过得相当好。汉代有内乱，有外战，但相对讲起来，次数不算多，和平的岁月相当长。这个朝代统治得不错的主要原因就在于它有中层结构。相对于上层统治阶层来说，中层就是干部，在国家是官吏，在公司里是管理者，上层是董事会，中层是从总经理以下到科长为止的这一群人。

汉代一开始时，有很严重的问题，延续了四十年左右。从汉高祖刘邦打天下起，他的军队里面，他的追随者、功臣，甚至跟他一起打天下的最底层的士兵，都变成了干部。所有的功臣，有的封侯，有的封王，自己的子弟也封王，宰相都必须是有侯爵封号的人才能做，政府里部长级的官员，没有一个不是一起打天下的弟兄，这是一个很小的利益集团。当时的中国人口，汉高祖时大概是三千万，高峰出现在一百年以后，有四千五百万人口。打天下的功臣集团，从将军到士兵，不过十五万、二十万人，但让这二十万人去统治一个三四千万人的国家，除了独裁、专制，没有别的方法。

上层既无法将命令顺利地传达到下层，也不知道下面的人在想些什么，更不知道老百姓需要什么。四十年以后，这批人走了，接下去由他们的子弟接管了大概二十年不到的样子，也不行了，政府显然有许多事情办不通。因此，汉朝不得不开始寻找新的方向，逐渐发展出一个察举制度。“察举”在现代也叫选举，不过我不用现代名称，而用察举。

察举制度一步步发展，从开始发展到一个相当水平，大概花了两代人的时间，最后的模式是这样的：二十万人里面，有一个人可以得到提名，不得像今天“拜托、拜托”，而是考核这个人的品行。最初是选名声最好的人：孝子，廉吏，不贪污、不做坏事的人。这类孝顺父母的人、种田努力的人，举荐起来并不难，提名是按可见的标准来提名，并不难。但演变到后来，实际上是选拔当地大家认为最能干的人，如孝廉、孝悌、力田、举孝、举廉……都可以有不同名称，演变到后来是二十万人里找一个出来。这一位候选人先在地方政府工作，做地方的文官、秘书、科员，做得好了，县长推荐到省里去。省级政府试用了一阵后，觉得不错，就将他推荐到中央去。凡是各地推举上来的，到了中央都叫“郎”，最多的时候，一年有两千个郎，累积过去留下来的，总是维持在一千至两千多人。郎负责王宫里里外外的事情，年轻人做侍卫，做跑差事的侍郎，做秘书，做几乎所有的事。除了太监要做的事情，皇帝四周的大小事情都是郎来做。在这时，高级官员慢慢找出郎里面哪些人特别能干、特别好，而皇帝也看得出哪个郎好、哪个郎不好。

郎须通过考试，考试内容是设定现在有个重大的问题，你们怎么办。譬如，海峡两岸交流了，你的意见是什么，你写篇政论文章给我看看。或者核四厂该不该办，该不该拆。写篇文章出来，看你的政治意见，看你的方案，然后从中选出一些人。若这个人不错，记在人事档案上，等到有好的差事，就派他去做。这是一个从选拔到训练的完整程序。汉朝靠这个办法把全国的精华收罗起来，一级级地训练，训练到最后还叫他们参与政府的实际事务，然后考验他们，再派他们出去。派他们出去时，第一年是试用，试用得好，再给你两年或三年的任命，三年的任命做好了，才决定加你的薪水，或升你的官，要不就贬掉你的职务。如此使汉代不仅有个相当健全的文官体系，而且更要紧的是，这些官员来自全国各地，这些人跟家乡总有来往，相互传递消息，使得全国的事情都可以经过这些郎而传达到中央。汉朝朝廷开大会的时候，殿上面坐着几百个大官小官，殿下大庭里也可以站上两三千人，每个人都可以发言。今天我们还有一个实际的讨论会记录存在，讨论盐和铁该不该公卖。《盐铁论》中就有许多名不见经传的小官与郎的发言。从汉朝其他零零碎碎的记录里也常常可见有站在庭里面的郎发言，皇帝照样听他的，发言完了大家讨论，如此全国的各种事情都可以传到中央。倒也没什么拉麦克风的事情，也没有说选举一定要选委员会，人家做事照旧做得清清楚楚，蛮好的。

这一个凝固的中层官员阶层，长久累积起来，退休的就回家，变成地方的领袖；年轻的进入政府，就变成官员。当然，最后仍发生了问题，若干地方性的家族，垄断了地方上的代表。这是到了后来，大概花了一百年，大问题才暴露出来。换言之，汉代政制没有问题时，这个中层结构很不错。即使出了问题之后，还是有一群人成为统治阶层与一般老百姓之间联系的中间层；执行政令是他们，反映民情也是他们。而他们的社会流动性相当不错，据我个人的研究，即使在若干大家族垄断最严重的时候，大家族的人也不过是其中的三分之一而已，另外三分之二是从中低阶层里选出来的。这一中层是汉代最大的稳定力量。中层的升迁，速度最快的，是从提名为郎到征辟举孝起身，算他二十一岁吧！十年后，即三十一岁时做到年俸二千石。从一个候选人做到部长起码要十年甚至十五年，但是他也不会长居高位，过几年他就退下来了。汉代有一个对于老臣特别尊重的制度，就是当执政顾问，但这不是闲差，而是真要替国家办事情的，一般干到五六十岁回家。五十到六十岁这一段是资深政治家，好的、有用的摆在那里，帮中层做事。这一个结构，我认为很好。假如我开一个公司，我要建立一个很健全的中层管理者组织，同时，有些能干的高级管理人员我一定留在旁边做我的高级顾问。我不要他管实务，而是叫他替我想问题，替我排忧解难；当执行管理人员发生问题时，叫他去调查问题在哪里，找出解决方案，调解纠纷。

汉代开始了中国几千年来的皇帝制度和文官制度并存的局面，文官和皇帝互相制衡，这使得汉代的皇帝不能专制。汉朝皇帝出命令，不算命令，要宰相和皇帝一起出命令，才算命令，就因为这个中层结构非常稳固，也非常强有力。一千多年来中国封建王朝的制度建立在这个基本模型上，皇帝与文官相配合，世界各地不多见。拜占庭有过文官，但拜占庭的文官跟宗教分不开；古罗马也有过文官，但离不开罗马城本身的罗马人；日本要到德川以后才有文官，但文官是从军人中出来的，文官的训练不够，大名对权力的分散使得德川手下的政治力量不是很充足。所以中国帝制下的文官是非常特殊的，中国能维持两千年朝代更迭，一朝换一朝，但始终是皇帝可换，文官体系大致不变，即使制度有修改的地方，也基本上以文官来抵制和平衡王权。

唐代的用人：中层的变化

接下来我们讲唐朝，唐朝也有刚刚所讲的类似汉朝的文官体系。不过，唐朝所处的时代，是在南北朝以后。南北朝时许多汉朝的文官体系被破坏了，变成贵族体制、贵族政治。唐朝把贵族政治调整为和汉朝相似、具有代表性的中层结构。

唐代所用的办法也是回到考试制度上去，回到察举。不过，唐朝将旧时的贵族与考试出来的新贵配合在一起，构成一个新的中层。贵族们的子弟考试有相当占便宜的地方，因为他们每天可以上学，有家庭教师，有专门的人辅导他们。而且考官很多都是他们的叔叔伯伯，多少能帮点忙。但也并不是贵族子弟垄断，大概是三分之一至三分之二的比例，普通人凭考试考上来的，也还有三分之二。它的成分和汉朝类似，唯一的变化就是没有了郎官制度，不再像汉朝一样有内庭训练，而是在地方上训练文官。

此外，唐朝有一套教育制度。唐朝的“学”很多，“医学”是专管医学院的，“数学”“算学”是专门训练数学人才的。这个“学”的训练跟后代不一样，宋以后，就没这么好的学校了。唐代学校不少，专业的训练，配合在职的历练，使得唐朝也有规模庞大、相当不错的文官体系。唐朝文官体系最大的部分是在地方上，当时叫作“道”或“州”。用今天的话说就是各省级单位，这是最大的文官体系所在。中央的文官不算多，因为唐朝每个地方都有相当大的自主权。坏处是这些省级干部地方色彩很浓厚，没有办法真正理解全国性的问题；而中央政府的文官，又没有办法直接了解基层的困难，以致唐朝并没有在变化过程中取得很大的成功。

可是，唐朝的贵族虽然政治特权丧失了，但社会地位还在。大家知道，社会地位和政治地位是两回事。拥有社会特权的贵族构成社会上的一个安定力量，大的贵族，有裴氏，有韦氏，有杜氏，等等，全国可以数得上的，有一两百家，他们代表社会来制衡国家，使得王权不能过分膨胀。这是唐代的中层，和汉代的中层比起来更显分化。汉代的中层是整合的，唐代的中层是分化的，不仅有地域的分化，也有政治权力和社会权利的分化。

从公司组织的角度来看，这个庞大的公司，包括许多部门，或者说许多分公司。部门是以功能来分的，分公司是以地区性来分的，分公司的权相当大，总公司只是统筹全局，但因为总公司跟下层间的关系不太直接，所以分公司的影响就非常大。而信息集中在上层时，有它的缺陷，它依靠部门与部门之间的联系，总公司的部门和分公司的部门之间的联系，可以弥补分公司与总公司之间的关系。政治和社会分化的一个结果是，政治渠道得不到的信息可以从社会渠道中获取。一个分公司有相当大的自主权，可能变成一个独立“王国”，总公司根本不知道它在搞什么，更不晓得它的手下在做什么。幸亏分公司推销部门和总公司有联系，所以总公司推销部门能掌握基本的推销资料；分公司的购料部门和总公司的购料部门也有联系，因此这个单一的线，可以弥补横向的切割，也就是说社会的线可以弥补政治的切割。这一中层很复杂，跟汉代整个大公司是个大中层的情形很不一样。两种体制，各有长短。汉代如果是中央出了大问题，全国就散掉了。唐代若是中央出了大问题，这块坏了，那块还在。所以安史之乱后，尽管北部中国全垮了，但是中央还可以依靠江南的财富，使唐朝继续维持了两百多年，就因为这种双层或多层的制衡，和多功能的重叠，使得组织复杂性极高，也因此具有很大的弹性。

宋代的养士：中层的扩大

宋代是中国历史上相当不错的一个朝代。读中学教科书时，总说宋代文弱、国势不振……其实宋代有它相当了不起的地方，宋代最了不起的就是，它的中层扩大到几乎把下层全包进去了。而宋代的中层，不一定是政治的中层，而是社会的、经济的中层。宋代科举考试发展到几乎把全部的制度细节都包含进去了，例如弥封卷子、回避等，所有避免不公平的防范措施。今天的联考制度，可以说是由宋朝发展而来的。宋朝的考试制度可以说相当公平，宋朝的教育制度也相当普及，各个地方政府办的学校，民间办的学校，一直达到最基层，即便普通百姓也都可以受点教育。因此宋朝的经济相当发达，出现了不少新的市镇。我做过一个小统计，宋朝的居民点（摆得上地图的，能称得上一个镇的），有商业功能的，比唐代增加了两倍半，这是高度迅速都市化的结果。

台湾在过去几十年来也有类似的现象，如南港过去是一条街，现在南港变得很大；松山也曾是一条大路，今天松山变得很大，甚至丰原、苗栗，过去都是小小一点点，今天变成一大块。宋朝经过的情形跟我们这几十年经过的情形很类似。经济的扩张，使得学校教育、民间教育都相当普及，财富也相当普及，后果是什么呢？社会、经济的成长，使得宋代参加政治结构层次的候选人来自各方，不再是二十万人选一个代表，也不再是三分之一贵族、三分之二普通人了，宋代的官员里面，没有多少是世家大族的，几乎都是在考试制度里登进。

以民间而论，有各种辅助团体、慈善组织，宋人叫义庄（今天叫基金会）。义庄、义学，各地都有；寺庙，有宗教团体的功能；商业团体，有行、会。宋代的社会多元化，使原本纯粹是政治结构的中层，扩展成非常复杂、多功能的中层，多种功能互相协制、互相平衡、互相重叠，即使上层垮了，中层结构还是可以起作用的。如靖康之乱，两个皇帝都给金人抓去，几乎有三年的时间，没有政府，等到高宗在南部即位，他还不晓得军队在哪里，军队也不知道皇帝在哪里，连政府都没有。岳飞的军队是他自己组建，韩世忠的部队也是他自己组建的。但是，大家并不称王、称帝，还是自称为宋的一个都统，还是一致对外打金人，彼此支援；并且地方的税收还照旧收，更有民兵出来补充官兵的不足，结果大的民兵部队，自己又变成官军；难民跑到乡下、南方去，有人就收容他们，组建为一个救济组织。种种的结合就是靠这个相当庞大的民间和官方都分不清的中层组织。所以宋代的情形，是建立在真正的中产阶层的基础之上的。这中产阶层是知识分子，是商人，是中级官员、下级官员、地方领袖的一个总和。这个时候的士已经不单纯是儒家的读书人，士本身变成同时具有几种社会性格的人物。

这么一个结构，从周代上层的凝聚，到宋代中层一层层地变化，我们可以看到，如此庞大的中华公司之所以能维持这么长久，就是靠这个中层，一步步长大，越来越周密，吸引进来的人才一天天地多，一天天地广，不再由少数族群垄断和少数家族把持。从这个庞大的、几千年之久的中华公司的成绩来看，成绩不错，与世界比较，中国的几千年历史，基本上是不惭愧的，直到18世纪、19世纪，才真正惭愧。

我为什么说成绩不错呢？可拿几个指标来看：一般讲起来，我们的个人寿命较长，中国跟西欧比，一直到18世纪都是中国保持领先。再从战乱的数字看，人平均，年平均，打仗的地区，假如算得更细的话，面积、人口、年代，三个乘在一起的数字，拿来和西欧战乱的时期一比，中国比西欧好得太多太多；拿鳏、寡、孤、独、穷而无告的人得到的帮助和救济说，中国好得太多了。而这些成绩不是靠政府，我刚刚讲的许多社会福利的功能，是由社会担过来的，是民间担过来的。

所以，整体而言，我虽然讲的是周、汉、唐、宋四个不同的时期，可是我主要指出来的，是一个贯穿始终的中层结构的形成、持续、扩散以及周密化。假定我们有一个真正的企业机构在手上，我想最健全的企业机构，不是有个很能干的董事会，也不是有一个经营之神，一个好的公司必定是一个很健全、很周密的管理体系，而这个管理体系，必定是不僵化的，必定是灵活运用的，必定是能够从下层往上提升、可以随时将不适合的人排除掉的，有良好的新陈代谢；公司也必定不是只有一条渠道传达信息，部门与部门之间的联系必定很灵活。这个中层的重要性，远比单单有个上层要紧。刚才我谈到宋朝的垮台，上层虽然垮了，但整个国家还能维持下去，甚至到后来还留下个底子，就是因为有这个中层的存在。这一中层要到清朝的晚年才垮掉，大概从18世纪开始出现问题，19世纪开始垮，到最后垮光为止。

失败的教训：列朝亡国的因果

秦代的缺失：中层与下层的疏离

现在我们谈失败的教训。大家记得在讲荀子时，我一直在说，不要因为要求胜，而不去求败。因为失败永远是成功的另外一面，若不懂得失败，就永远不懂得成功，所以我今天特别来谈谈亡国的事情。

秦代的缺失，就是中层和下层的疏离。秦国是以战争赢得天下的，秦国的军队是当时最好的军队，策略也多，包括阴谋诡计、买内应、派间谍，运用得非常灵活，使秦国能打下六国，统一天下。可是，在秦国，向来没有建立起一个真正的中层，因此，六国的后代，没有一个愿意接受秦国的统治。秦代中层的缺失在哪里呢？考古中发现的兵马俑，让我们看到了军队的阵容。兵马俑大家都看过复制品，有人那么高，装备好得很，这些兵马俑一样的部队，到了后来，是散布在全国的。秦朝的公路非常现代化，除了没有钢筋水泥，是同时代全世界最好的公路，路基是用长木桩打下去做基础，固定路的两边，还有行道树，路面是压过的，可谓是“条条道路通咸阳”。若军队派出去，很快可以到达有叛乱的地方，靠军队来维持，甚至地方官吏也是军人。在考古学上，我们发现一个官吏的坟，大概相当于现在县长这个职位，背景就是通过征兵参军的年轻人，随着军队的节节胜利，他的职位越来越高，到后来奉派为县长的职务。这样子就没有中层，中间全是他的军队，下层是隔离的。

而最大的缺陷是，秦朝没有从理想中提出一个目标来。秦始皇提的理想是：我的功业是空前的，过去叫“王”是不够的，要大家想了好名字叫我，大家后来想了，天上的神叫“皇”，地上的王是“帝”，你是皇和帝，就成了第一世皇帝，世世代代永远当下去。他没有提出目标，秦朝所有的诏书没有一个说建国的目的在哪里，他只说我要维持这个秩序，维持这个国家。秦始皇在各处立了许多碑，他喜欢到各处表扬自己的功劳，立个大碑，碑上刻下自己的功劳，颂扬这帝国是怎么建的，今天整个帝国和平了，整个中国和平了，都是因为他一个人。他要天下的秩序永远存在下去，每个人都要守法，守他的法。他说的守法，守的不是社会的安定，而是维持他个人的权威，并没有目标，所以秦始皇死后，秦朝很快就垮了。

秦之所以会亡国，是因为反秦的人都是下层上来的，少有从中层起来的，参加革命部队讨伐它的人，一部分是六国王室之后，但是在秦朝时已经被贬到边疆去，或是打到社会最底层，如农民。六国王室之后如项羽，农民如刘邦、县政府科长萧何。由于中层空虚，地方政府无法发挥组织功能，甚至连组织部队替自己打仗都做不到，反而是民间钻出来的下层人士，吸收了中层里散乱的成员，构成了革命的队伍。

所以，秦帝国看上去非常庞大，而且它的最上层有像李斯这样的学者，秦始皇本身对法家的研究也非常彻底，在上层他用了一大批非常优秀的将领，一大批非常能干的官吏，他们专业化的分工也很好，可是只是统治阶层而已，下面是空的，整个国家没有社会基础的支持，中间也没有管理层次的干部。秦对干部非常多疑，所以建立了御史制度，就是派御史到各处去巡察，看哪个官吏做得不好，这就是法家的观念，要考核成果。所以他的文官体系中，上层对中层控制得很好，中层对下层的联系却完全没有，可以说是一个半拉子结构，下层完全是散的，因此不能维持下去。

东汉的缺失：上层与中层的断裂

前文我说到西汉有一个文官体系的基础，也特别提到中间发生了家族的垄断和世袭，在此，我将要说明，这里面有一两百个地方性的大家族互相提携。他们互惠的方法是什么呢？汉朝是不许人徇私的，也不许人特别包庇他的家族。汉朝定了一个规矩：官员不许选拔自己的子弟做代表，如侍郎、孝廉等。大族们遂互相荐引友人子，如张三不得推荐张四，但可以推荐李四；李四不能推荐李五，但可以推荐张五，以此交叉输送。但政府防备得非常严格，不许交叉，连婚姻的亲家之间都不许提名。而且一个官员只能在另外一个省做主管，不许在自己家乡做主管；一个人不许在自己的县里做主管，要到另外的县做主管，防堵非常严密。姻亲之间也不许互相提名，可是社会关系网已经在那里了，有师生的网，有朋友的网，多重交叉，最后还是可以把政府定得非常严密的制度绕个弯，造成利益垄断。

所以到东汉时，我们看见光武帝起来，复兴了汉朝，用了云台二十八将，这二十八将只是代表，实际上不止云台二十八将。这些功臣的子孙，持续不断地出现，以各种不同的名称出现，结果上层就被这些人垄断了。到了中层，训练跟选拔混在一起，最后，等到“郎”这个阶层要派职务时，就靠高级官员指定，高级官员往往就指定自己的亲属，或指定亲属的亲属，用这个办法留存侍郎的名额，造就了当时政府里有一两千名的侍郎，而侍郎里最优秀的人才却往往得不到选拔与训练。

东汉时有非常庞大的国立大学，规模比今天的台湾大学大，有三万个学生，台湾大学今天也不过一万多个学生。郡有郡学，县有县学。这些人就可以构成中层的候补者，但这些人才是疏离在外面的。于是有见解、有能力、有号召力的学生领袖都起来了，整天批评政府，批评已经疏离群众的政府。由此来看，汉朝的学生运动可说是中国学生运动的起源。社会中层发生断裂，里面一部分最好的人变成批评者和攻击者，比较差的一批变成垄断者，斗争变得很严重。到了后来，各权臣结党营私，拉拢皇帝身边的太监。太监在皇帝旁边出纳诏命，成为皇权的代表；再不然，权臣就拉拢皇帝的内戚，这些人便成了皇权的代表。

为什么在东汉出现太监和内戚干政这么严重的问题，就因为原先的中层断成两截，贤才上不去。可是教育机构却在那里，虽然不断训练中层的贤才，但却不用他，于是这些贤才就成了反对派，攻击政权，造成持续不断的政治斗争。上层的权臣，谁控制了小皇帝谁就暂时掌握了统治权，而这小皇帝四周是皇权的代理者，内戚也罢，太监也罢，都有干政的可能。内戚让自己的侄子、外甥或女婿掌了一部分权；等小皇帝长大了，不喜欢叔叔、舅舅或岳父，就找朋友帮忙，而朋友就是整天跟他玩在一起的太监，找太监赶走这帮内戚。小皇帝结婚了，又有他自己的内戚，这样周流不息。

上层的斗争和中层的断裂，合并在一起就构成了东汉大半个时期的不安与混乱，以致东汉整个治安的情形，乃至防卫边疆的能力，都跟西汉差得很远。就因为上中下结构有问题，上层和中层之间发生了冲突，下层既没有人管，也没有被照顾，训练和选拔断了层，力量没有办法吸收、传送上去，这是东汉的大问题所在。台湾实际上也有这个问题，天天训练大学生，但大学生却不一定能用上，而我们的选举也不一定能选出贤才来，选出来的贤才也不一定能派上用场，这也是断层现象。虽不完全一样，但也有点类似，我们的训练跟使用方面没有配合好。

明清的缺失：中层与下层的断裂

讲到明清，明清是宋代的延长，当然中间有一段元朝，但只维持一百年就过去了，我们学历史的人看时间是一千年一看的，一百年不算。

基本上明清是宋代制度的复活，但明清发生了极重要的现象，就是绅士阶层的出现，将宋代上传下达的中层制度打了很大的折扣，原因是明朝将财富和知识混在了一起。

明太祖原是个小和尚，后来带一批农民打天下，也用了一大群参谋，包括大家都晓得的刘伯温（真正的刘伯温和大家晓得算命的刘伯温不是一回事，大家不要混淆了）。这批参谋虽然人不多，但帮他设计上层结构却设计得很好。然而元代教育体系被破坏了很多，宋朝原有的社会民间经济也被破坏了很多。元代收税是不讲规矩的，要钱用的时候就派人到市镇上去派税，也不知哪天就来了军队派税。没有良好的制度，民间的经济因此衰退。在这种状况下，既没有民间经济，也没有民间学校，没有民间的社会教育，没有民间的社会福利。

明朝为了收拾这个烂摊子，重建民间系统，用了两个办法。一个是找有钱人：大家曾听过民间故事，比如沈万山聚宝盆的故事。沈万山是明朝第一个有钱人，但富贾之中，他只是个代表而已。我们看明初，明太祖任用了很多富贾。他在重建政府结构的时候，官吏不够用，没有那么多中层干部来源，因为学校制度被破坏了，救急的办法是任用各地的有钱人，让他们做官。最简单的是粮长制，委托有资财的人重新建立纳税的制度。比方说某人在一个地方最有钱，政府就派他负责缴纳本地的税，但是发给他一个纳税凭单，让他到民间去收税。这种包税制的后果就是严重的中饱私囊。这是财富中层分布里很坏的办法。就政府而言，抓住几个粮长负责收税效果是很快，后果则是这群人将财富和权力结合了。

第二个办法是政府重新建立科举制度，用考试来选拔人才。但是因为教育不普及，考上来的人，立刻叫他们做事，连训练的机会都没有，没有汉朝那种郎吏的训练机会，经验也没有，学问也没有，但权力却有了。而这些人很快地和包税的人合流。绅跟粮变为一个东西，官完全和钱结合在一起了，这是明初立下的很坏的榜样。到后来矫正了，持续不断地考试，持续不断地选人进来，用这些人建立中层。明清有非常好的选拔制度，但是明清完全没训练，第一个丢掉的是学校。汉朝、唐朝、宋朝都有，中央的学校、省的学校、县的学校，明清却没有。明清秀才号称是生员，可是学生没学校上。秀才只是每个月到训谕训导那里去交一篇文章和研究的心得，只注重文章的格式而不注重文章的内容，三年考一次，也考这个，如考诗、考八股，策论要等到考举人时才占分量。策论考的就是说今天有个问题，你怎么办。它占三分之一的分数。八股文跟诗占三分之二的分数。考到后来大家都一样。所以后来的科举考的不是真才实学，而考上来以后，经过三层考试，秀才，举人，殿试，然后分发，基本上是没有真正训练的。举人大挑，用抽签的方式选人，还有靠面相挑选，一个人长得圆圆的，方方的，头等，上面大下面小的不好。这样子，大挑挑出来的官，没有好的，只选声音大、长相神气、个子高的，然后抽签。

训练只在最后一层有那么一点点，但也只限于大官。在进士里考得最好的，第一级的三个：状元，探花，榜眼。第二级二甲里选十来名，考得最好的，叫翰林。翰林在皇帝自己的小书房读书，也做皇帝的秘书工作，还替皇帝做管理图书的事。像在故宫博物院里，那些诗、画，就是皇帝题了一句诗，这些人就奉命替他写；皇帝写了首诗，发下要他们抄，抄时当然要帮皇帝改一改了，把它写好一点。翰林院做的是这些事。可是在这些之外有些很好的机会，如翰林院要在讨论国家大政时旁听、记笔记，皇帝常常派一个翰林到一个部去见习。翰林院不错，是训练宰相的地方，没什么大的责任，整天听闻的是国家大事，接触的是第一级的官员，也有机会接触到重要的资料，如全国的税收多少，全国的军队多少，全国的国防怎样，全国的盐怎样，运粮怎样，他都有机会接触，慢慢也可以训练出第一级的好贤才。这些人是最上层的，从翰林院出去的很快就成了部长（尚书）或次长（侍郎），或放到外路做厅长（学官）、行政主管。

这样看来上层训练不错，但中层没有训练。中层的人要靠运气，你碰到一批好的朋友，自己用心，可以学到很多东西；运气不好，不用心，什么都学不到。所以清代中层里不是没有好官，也不是没有贤才，只是没有培养与训练制度。于是中层坏的地方超过好的地方，再加上钱跟权的结合超过训练和教育，因此明清政府结构的中层跟汉代是不能比的。

等到清代中叶以后，国家常常有叛乱。清初常有开疆辟土的战争，征伐蒙古、新疆、四川和西藏等。凡此都是要用钱、用兵的。钱和兵一用完国家就穷了，民间也就起了很多的叛乱。最常出现的是教乱的形式，因为民间没有别的力量凝聚他们，只有靠宗教的力量凝聚起来。这时国家需要更多的兵、更多的粮。为了征收更多的战争税，清代中叶就开始有捐纳制度。等到鸦片战争以后外患更多，加上太平天国运动，捐纳得越来越严重，金钱的力量就更明白地、赤裸裸地与权力挂钩。有钱人可以从没有官捐个小官，由小官捐个大官，一字不识的人也可以变成重要官员。红顶商人这个故事你们看过了，他就是个很普通的人，靠钱慢慢捐得一个红顶的大官。胡雪岩可算是很能干的人了，一字不识，一样能做大官。他拿钱买来的官，就拿官来生利，花了五千元捐来的官，要收回六千元才能保本。

如此钱和权的结合使得明清中层和下层越来越断裂，下层的贤才上不去，中、下层的钱上得去，中层成为自私的、谋利的阶级，拿官作为赚钱的本钱。我们现在也面临着这样的危机，如台湾地区的选举制度，花钱越来越多，选上去后不捞回来怎么办？下次怎么选？所以台湾面临的危机和清朝中晚期以后中下层断裂的危机是一样的，端倪已经被看见了。

拿东汉上层和中层的断裂及明清中层和下层的断裂合在一起来看，假定一个企业的中层不是靠选拔而是靠关系，它的升迁、考核标准也不是靠成绩，而是靠人事建立起的网络，这个公司非垮不可。而上层人员如果没有使命感，只是想以这个公司作为赚钱工具的话，公司垮了，他自己却赚了。我们看过很多这种事情，美国钢铁公司就是如此垮的，而美钢的董事都不穷。因为上层不以维持公司为目的，他们的目的只是自己捞一票。我想前一阵子台湾股票垮台的时候也是这个现象，那个大的金元宝挂在门前的那家公司，老板没穷，被套牢的股民却穷了。所以不仅是一个朝代会有这种上中脱节或中下脱节的现象，公司也一样会有，而这种公司是不能存在、不能维持下去的。

第四章

冲突与协调

国家整体真正存在的目的是生存，而企业存在的目的不只是生存。也就因此，它必须让它存在的目的和决策有明确的配合。所以我们看到，企业内部上、中、下三层的关系是有其特性的。

公与私的冲突与协调

社会、企业与员工，不同层次的“我”

现在我讲讲公与私冲突的调节，实际上应该是大单位和小单位的调节。前面讲的虽然都是国家与朝代兴衰，但都是拿国家比喻小的单位，譬如说一个企业。可是企业本身也有大和小，如果是大型企业团体，也有许多分支，而每个分支，也有各个单位。因此所有社会关系、组织，没有真正“其大无外”，也没有所谓“其小无内”的。任何大的组织，外面还有更大的组织；任何小组织，在组织内也还有更小的组织，一直小到个人为止。

任何我们称为群体的东西都是有更大和更小的相对的里

和外，每个组织内部都有前面所说的上、中、下的结构，有决策主管和执行主管的差别。实际上，在大群体和小群体之间我们也要厘清它们的关系，因为这关系往往不是个人的。一个小群体对更大的单位来说，它就变成大单位里面的小单位，相当于个人。大的群体对小群体而言，就变成一个复杂体，要容纳小单位作为里面的小单元。因此所有的关系都是相对的，大的单元一定是小单元存在的依据，没有大单元，小单元就不存在。所以，问题不是大单位与小单位的利害冲突，而应当是二者之间的协调。

说得具体一点，假设以一个公司来说，它与企业集团之间，不会是以耗损大团体而使小团体得益的，否则小团体就违背了原本存在的意义。设子公司是为了使母公司得到利益，并不是为了让子公司蚕食侵害母公司。“皮之不存，毛将焉附。”假如整个社会被耗损，一个企业或一个小企业团体的得利就没有了意义，成了实际上的自杀行为。伤害你所依存的东西，到最后发现你无所依附了。小团体使大团体遭到毁伤，除非有更大的团体代替，否则小团体自己也没有了。

这是从小团体到大团体来说的。不同层次的“我”是个自我界定，不能置外于大团体，伤害大团体。至于员工，没有哪个员工在贪污、偷懒、伤害大团体之后，他自己会得到什么好处。短期内他可能因为贪点便宜而得到一部分好处，长期看，这点好处绝对比不上跟着公司一起成长得到的好处多。因此，对大团体本身利益协调的认知，了解大团体和小团体的利益之所在，应当是调节不同层次的“我”的一个要件。第二个要件：如果一个大单位不觉得自己的小单位重要，小单位被消减被耗损，那么到了最后大单位本身也将失去意义。“我”如果只是消耗自己内部的单位来维持“我”的生命，生命本身也就没有了。假如有一个小单位有这种现象，大单位就会毁损。大单位要消费小单位来维持自己的话，大单位本身也会毁损的。一个企业要耗损子公司，或公司要耗损它的雇员或管理者，后果只能是自己公司吃亏。从社会、企业到员工，是不同层次的依存，中间只有互利而不应该是两伤。

一个国家也是如此。汉朝晚期，皇权及其寄生者，不断消耗汉朝的基础，而当时的文官体系因为内部斗争的冲突，也在消耗自己的资源，于是整个汉朝就垮下来了。现代经济制度下的企业历史都比较短，最多只有两百多年，而政治历史比较长，因此看见的朝代更替很多，但企业自己消耗自己的还不多见。实际上MBA课程里，应该有一个专题讨论大企业的自我毁灭。美国钢铁公司以前只有一个副总裁，在十五年里增加到十三个副总裁，本来持股的董事会变成由雇来的专家组成的董事会，专家董事会不在乎公司的垮台，只在乎个人的发展。五年之中，在账面上公司赚了，实际上没有赚，公司应该拿相当的本钱去改良，但也不改良，只用原有的资金、原有的设备，甚至靠折旧来生产，账面上看很赚钱，等到整个工厂没有竞争能力，自然败给瑞典、日本等别的国家的公司。

政治领导与企业领导的异同

三国也罢，六朝也罢，我们不断拿政治领导和企业领导来做比较，实际上其中仍有差别。最大的差别是，政治领导的权力是公权力，企业领导的权力不是公权力，甚至在法人的情况之下，他的权力也是协议权力。公权力和协议权力之间，公权力是单向的，它要垮的时候，是以革命或朝代的覆亡作为代价，到了极点时没有回头路可走。如果信息上下沟通良好，这一政治结构还有最后自我修正的机会。一个协议权力，须有比公权力结构更快更流畅的反馈系统，持续不断地进行上下信息的交流。协议权力的领导和政治领导最大的不同是：必须依赖更多的说服，依赖更多的自我表达，依赖更多的双向交流，使得反馈持续不断地进行，而不是累积到一定程度爆发一下。间歇性的爆发破坏力非常大，造成的伤害非常大。

再大的企业，其体积大小也没法和国家的体积相比较，一个国家经得起消耗，一个企业则经不起消耗。一个国家的资源，再生力非常强，只要有人、有土地、有资源在，就可以再生。而企业的再生力受制于资源的有限性，没有一个企业有无限的资源，所以它的损耗比国家政治资源的损耗影响更大，过了临界点就完了。大致讲起来，任何一个企业的损耗度，如果超过四分之一，大概就吃不消了；而一个国家即使耗损了国土的一半，还是可以活下去，这就是因为再生能力不一样。而且国民无法离开国土，但企业的成员却可以离开企业。耗损度到了临界点之后，马上就可以看到兵败如山倒的局面。所以，企业的脆弱性非常强，不能掉以轻心，这是两者的差异。

再讲到“同”，刚才我已经说过，企业要有说服体系。政治是不是也要说服？我们一直在谈的，上中下三层的延续、断裂、扩大……其中隐含的信息和观念要很快地流转，沟通渠道一定要畅通，信息不一定是言辞，不一定是讨论，还可包括信息本身代表的一些意义，譬如你的市场忽然萎缩了，订单忽然减少了，或退货忽然多了，造成原料的囤积，这些都是信息。信息促使公司改变结构，或者改变经营方式。所谓的信息都在交流这个名词之下，都是信息的交流、信息的传递。怎么样让信息传递得最快、最好，则又一定要建立在人与人的信任上。互相信任，互相诚敬，这就回到荀子上了；互相不掉以轻心、不拖延、不马虎，这是交流中最重要的要件。建立起信任，必定也建立了诚和敬。我不对你诚恳，你就不会相信我。这不仅是建立企业本身要有的道德，还是互利的事情。互相诚信是为互利铺路，它不是修行和道德的桥梁，而是互利的基本条件。

另外，要在结构上使交流的渠道畅通。既不能独断，又不能过分自信而不管别人的意见，也不能因为畏惧而不说。大多数私人企业，因为有老板与伙计的差别，伙计总会觉得那是老板的事，老板自己知道，我少说两句。但归根结底，如果老板真犯了错，这企业真的受到毁损，做伙计的也没好饭吃的。所以，除了互相诚敬，一定要有个相当明确的制度化的渠道，即信息交流的渠道，从上到下，从下到上，从旁平行互相联系。当然，开会是一种交流的方法，但肯定还有更多的方式。

社会上消息的流通、传播，最好不要只有一条渠道，最好有几条渠道可以互相对照。这并不是说有两个人互相打小报告，而是说，有不同的资料在手上，而这些资料有些是重叠的。真正能干的上司是可以从重叠的资料里看出真实信息的，不一定要故意派一个人去打小报告。举个例子说，要是一个公司老板，手上有几条渠道：一条是关于原料的，一条是关于生产线的，一条是关于成本的，一条是关于人事的，一条是关于销售的。这五条渠道，每一条渠道都跟其他四条渠道有相当程度的重叠。如果销量和产量之间有差距，中间一定有问题；如果产量和原料进出有差距，这其中也一定有问题。这五条渠道加在一起，一定可以有相当协调一致的全貌展现出来，中间哪里缺个洞，可以很容易看出来。怎么样把这五条渠道的信息联系在一起，也是一个制度化的结构问题。即使故意报假账也查得出来，没有假账是核不出来的，即使是五条渠道同心合意报假账，也还是核得出来。因为再同心，也一定有漏洞，只有真正的数字没有漏洞。

怎么核对也是交流中很重要的技术。黄仁宇先生的《万历十五年》写得很好。他常常指明，中国基本的毛病，是一直到近代，没有以数字核实，在中国政治结构上没有数字的观念。他讲的想法是对的，但中国传统政治结构也有核实，不过不如现代核实得细密。能干的宰相都会核算，万历年间没有能干的宰相。量化，亦即把报表和资料合在一块看，也是一种交流的渠道。这个渠道跟正面的谈话、交流、通信一样，两层渠道互相对照，机构里信息的流通和观念的交流，应当可以达到很高的程度。因此，政治领导和企业领导的相同点是都需要有良好的交流。一个非常能干的领袖，如果不能把意念早早沟通给别人，就太可惜了。蒋经国是一个很不错的领导者，但他最大的毛病是他的想法都在他心里，不跟人讲的，等到做出来时，别人才晓得他是什么意思。人事管理也如此，政治决策也如此。交流不应是单向的。只有单向说明没有反馈，时间就耽搁掉了。他对申不害的“术”懂得太多了，而对“数”懂得太少了。很可惜的是，像蒋经国这种人物是相当不容易出现的，更可惜他不能将他潜在的能力发挥出来，问题就在于他为自己设定了发展的限度。

企业内部的上、中、下三层结构

我已经讲了好几个朝代成功和失败的地方。在上、中、下三层结构之中，一个是决策层（上层）；一个是干部层（中层）；至于下层，以企业来说的话，下层和政府便不一样了，政府和国家的下层是大多数的国民，企业没什么国民可说的，所以有两种下层，一种是基层的员工，一种是外面的客户与顾客，也都是管理者在执行时要面对的人。因此企业的上、中、下三层，下层因为有双歧的局面，并不完全一样。中层与上层的关系，跟国家层面的情况不一样。重要的是上、中两层的凝固，中层必须晓得它的双重责任，一方面，要将自己的下层也就是员工凝聚在管理体系里面，另一方面，要经过自己对外的触角，收集顾客的信息。一方面是外延，一方面是内涵，两个都很重要。有顾客没员工，无法做事；有员工没顾客，店就白开了。这种情况下，管理者和上层的关系，就比文官体系和上层的关系有更大的灵活性，联系要更加紧密。同时，这也和国家的情形不一样。我理想中的社会是中层和下层完全打成一片，中层往上长，长到上层萎缩掉；同时，中层还要往下延，将下层提升到中层，这才是一个真正均富、均权的理想民主社会。

但是一个公司组织没有办法这么做，如果都是管理者，这里面就无法达到一个真正对内对外、双重连贯的关系。员工没有办法自动自发地了解外面的顾客需要什么，生产线上的员工也无法直接感受到外面的世界。除非是手工艺作坊，看客户要什么，就可以马上做出来。在企业结构里是没有办法的，员工得到的信息必须先经过管理者过滤，必须经过决策者发出指令。所以，在企业机构里，没有办法把整个下层都变成中层。而顾客当然更不在话下，如果管理者和顾客变成一个东西，那还做什么事情，公司早就消失于无形了。

在企业内部，中层和下层之间要有明确的功能的分野，就因为下层有双歧的特性。但在上层和中层之间，照道理管理者可以上延到某一个地步，管理者的反馈可以充分影响决策。但企业本身不是一个民主体，企业本身有个单一的目标，或者很清楚的目标，这个目标不能通过管理者投票就把公司分了，这是不行的。一个公司的存在，是法人团体的存在，超越于个人成员之上；而且法人团体里的雇员，不是作为持股人存在的，而是服务提供者，这里面没有多少是可以用投票来决定的。决策层和执行层之间还是有相当的差异，因为决策层绝对应当明确地了解企业本身要走的方向。美国最近有个不是很好的趋向，就是董事会里面股东授权投票产生了一些董事。常常有一些证券公司，因为掌握的代理证很多，就派专家进去参加董事会。名义上，这些小股东的授权代表似乎代表股东的利益，实际上并不如此，授权代表实际上代表的是代理人的利益，代理人的利益并不跟决策者应有的远见和眼界完全相符。这些利益持有者，很可能是短视的，甚至可能是自私的。公司兼并时往往出现这种情况：大股东派进去一大堆董事，目的是吃掉你。美国近来的这一做法，实际上是个弊病，将上层和中层混淆，若将专家放在执行层去参与运作，他的才能会得到充分发挥；若将他放在上层，他对功能会很清楚，但对目的不清楚。所以上层决策应当和执行有明确的分野，可是绝对要保持交流的畅通。

这是企业和国家有极大差异的地方。国家整体真正存在的目的是生存，而企业存在的目的不只是生存。也就因此，它必须让它存在的目的和决策有明确的配合。所以我们看到，企业内部上、中、下三层的关系是有其特性的。

坚凝三层结构的可能性及其重要性

在这三层结构之中，交流沟通是个坚凝的方法。而另外一个坚凝的方法是，将下层中有实力的人提升到中层，中层中有实力的人提升到上层，转换他们的地位。因为管理者本身就认同企业，所以他们对企业的忠诚度和参与性，会因为这种选拔而得到提升。对于坚凝公司里的三个层次，这是绝对有帮助的。反过来说，我们最常见的就是，我有十个第三层的管理者，有两个第二层的缺，我提升时，提升两个，搁下了八个，怎么办？这八个如果还在那儿，新人进不来。所以淘汰、筛选，以及代替、提升，其间如何做？既要激励人心，又要防止内部争斗，这是很困难的事情。有两个可行的办法：一个是职务不一定调整，但可以增加报酬；另一个办法是多给他们一点股份，使他们的参与感和归属感更多一点。

我们曾讲到商鞅的法有个不合理的地方。如韩非子曾批评的，一个很好的军官，为了奖赏他，让他去做指挥官。这情形就等于让一个好医生去做医院院长，或叫一个好的院长去做一个医生一样。提升、奖励一个人，不应当误用他的专长，但应当在别的方面奖励他。以企业而论，最好的奖励是加强他对企业的归属感。我们也看过很多这种例证：一个好管理者，得到很多劳绩股，到了某个时候，他把劳绩股上市出售，自己走掉了，把给他劳绩股的善意安排变成替你上了市。这也不是不可能，其实常有，结果造成公司人心涣散，也是人才的损失，也是资金的离散以及权力的离散，这也要防止。但中间究竟要如何处理呢？也没有一定的章法，基本上我刚讲的种种毛病，都可能存在，也都可以执行，利和弊一定是要放在一起对比的。

坚凝这种结构，最要紧的，就是将人心拉在一起，甚至对你的顾客，也要把他的心抓住。这也是下层和公司之间的关系，也是要坚凝，要掌握住这些顾客，不让他们跑掉。一次买卖，就赚一大笔钱，绝对会有人跑掉的。你可以一次赚人家一笔钱，但你赚不到第二次。你对待顾客应该和对待股东一样，一直觉得“不要丢掉你，我要跟你在一起”。假如股东对你的公司没信心，他一看股票价钱高，就会想卖了算了。但如果他对你有信心，他是不肯卖的，公司一天天更好，他一天天更赚。所以美国股市的蓝筹股就是声誉特佳的股票，不随便出卖的。让你的股东对你有信心，叫你的顾客对你有信心，这是凝聚下层的重要条件。

当今世界的格局和我们的未来

接下来我讲讲三大主题：一个是资本主义和社会主义一百多年来的演变情况，以及二者未来发展的可能方向；二是世界大的格局，全球化格局下的各国竞争情况（包括美国霸权），以及科技对未来发展的影响；三是中国未来发展可能遇到的难题，以及我们应该选择什么方向。

资本主义和社会主义的过去、现在与将来

今天的世界仍是自由市场经济和国家管制型经济两条途径之间的博弈。从最早的对外开拓开始，欧洲走的就是商业路线，其实就是掠夺和剥削的路线，资本主义构想的萌芽由此诞生。亚当·斯密的《国富论》是资本主义的理论经典，书中假定资本主义的执行和发展是以国家为单位的，尤其是以民主国家为单位，并没有以世界为单位。所以从一开始，资本主义讨论的就是一个国家的发展问题，就有你我之分。把别的国家的财富掠夺过来使我富，把没有用到的资源用起来使我富，把没有开拓的领域开拓起来使我富，并不是“天下大同”，也并非全民享受的福祉。其局限性透露了其一开始在殖民制度下、不平等交易中掠夺别地资源和财富的本质。

从《国富论》开始，西方已经认定世界是一个整体，是一个全貌性的发展。从那时起，资本主义开始讨论究竟是人为干预的好还是自由发展的好，最后的结论是自由发展的好。因为从资本主义诞生起，自由发展可以使其自由地掠夺

他国的财富、劳动力、资源等等，不受干预。中国当时则是被掠夺的对象。自由发展的思想发展到欧洲列国竞争的阶段就出现弊端了。竞争导致了有强有弱、有穷有富，加之基督教“博爱仁慈”的思想在西方发挥作用，社会开始讨论公平分配的问题。19世纪的《孤星泪》（也译为《悲惨世界》）讨论的都是这个问题。18世纪美国立国之时，美国讨论的是要不要以国家形式对经济进行约束，其结论是“要”。

财富在资本家和劳动力之间分配严重不均，促使了马克思主义的诞生。马克思主义认为劳动者应该取得应有的份额，甚至应当参与企业决策，甚至更进一步，主宰企业决策，社会主义由此诞生。

资本主义和社会主义互相对抗演变。资本主义一步步调节到一种中间状态，即20世纪在英国出现的“渐进主义”（费边主义）。费边主义者拉斯基（Harold Joseph Laski）主张让资本盈余慢慢均摊开来，使得劳工、平民都能享受一定的福利。由此，议会立法制度出现，主张按照财富水平实施差额纳税。自那以后，英国以及欧洲的主要国家走的基本都是这条道路。

这里面产生了一个问题：应该由民主制度还是由国家强制来主导财富重新分配？“一战”之前，美国走的基本是自由市场经济道路。1929年美国经济危机爆发后，罗斯福新政开始实施，其在一定程度上受到了拉斯基思想的影响，也受到了基督教、兄弟会、共济会思想的影响。罗斯福新政使用国家的权力开放公共的资源，以国家形式分配盈余利润，创建了社会福利制度，美国至今受益于此。

在美国，自由资本主义和国家干预的拉锯战延续至今。自由主义思想的老巢在芝加哥大学。芝加哥学派的哈耶克所著《通往奴役之路》是自由主义的宣言，他认为任何把个人的权利交给国家、大团体的行为都是受奴役的行为，是不可以的。自由资本主义的方向在相当程度上接受了社会福利的理想。哈佛大学则是典型的美国资本主义的大本营。

在波士顿，巨量财富从17、18世纪开始集中在不超过一百个家族手中，他们是“波士顿婆罗门”。福特、洛克菲勒、卡耐基等都是其中的产物。他们参与资本主义工业建设开天辟地的工作，获得巨大财富。同时他们也是基督徒，因此出于自主自愿也做了一些慈善工作，但从根本上来说并没有“均贫富”的观念，这是不够的。

“波士顿婆罗门”存在于美国的政治和社会运作的后面，是无法被毁灭的。他们的财富不会消散，因为他们用信托基金的方式进行管理，子孙不能继承，只能领取年金。华尔街的纽约证券交易所和芝加哥商品交易所是“波士顿婆罗门”力量的两个前哨站。肯尼迪家族以芝加哥商品交易所为大本营，洛克菲勒、罗斯福、布什等家族则以纽约证券交易所为大本营。

在这些财团的压力下，美国要想走上社会主义道路很难很难。但是在这些大财团的社会运作之下，美国逐渐出现了一个现象：货币与经济生产脱钩了。凯恩斯认为，运作货币就可以运作经济。货币主义是两边都能用的，社会主义国家也可以拿来用。近代资本主义每次面临垮台危机之时（最近一次是2008年的美国金融危机大爆发），都是通过运行极宽松的货币政策拉回来的。但货币政策等于是给经济打强心针，它有它的局限性。究竟谁能掌握改变经济的主动权，这是所有国家包括社会主义国家要好好思考的。

平衡的最好结果是在北欧，就是把国家的权力分配到社区。国家收重税并强制资本家将利润捐出来，负担若干重要的公共设施，使得老百姓可以过相对合理的、贫富差距不太大的生活。穷人可得到国家津贴；富人一方面得到国家的保护，一方面受到国家的控制。这是目前为止最好的实验结果。

第二就是欧洲大陆。以今天德国为例，国家掌握财富、控制财富、压制财富。这需要依靠法律来强力推动，需要强有力的领袖。默克尔是非常能干的政治家，其他人想做没做到的，她做成功了。默克尔做得相当出色，但还没有达到北欧的程度。

第三是美国。美国本来想走工会的方向，用劳动者团结的力量，以劳动者罢工作为工具，来促使资本家反省和让步，让财富慢慢分配出去。然而等到劳工用罢工作为工具提升自己工资的时候，问题出现了。资本家的利润确实变少了，但是美国的产品单价跟别的国家的产品单价比起来就不具有竞争力了，于是美国在国际竞争中就败下阵来了。而随着工会的力量逐渐壮大，另一个负面效果开始显现，劳动阶层逐渐变得懒惰，于是催生了自动化。自动化是当年福特流水线操作的延伸。一个工序分成许多步骤，每个步骤都相对简单，综合起来变成产品。这使得劳工数量进一步减少。越是科技进步，资本主义能够使用的工具和武器就越少。所以美国的这个局面开始需要国家的干预，社会自发性机制已经不能激发全国公众的良心，需要看国家工具能否叫这个追求利润无极限的资本主义退让。

这里有一个插曲。因为货币成为可运用的工具，哈佛大学出了一派，即西蒙·史密斯·库兹涅茨（Simon Smith

Kuznets），他主张工业建设、工业成长都由货币来操纵。美国不仅自己实践货币主义，也帮助别的国家实现从无到有、从有到多。台湾地区从20世纪70年代开始，一方面实行政治改革，一方面实行经济改革，经济改革就是请了库兹涅茨当顾问。当时的刘大中、蒋硕杰、邹至庄几人都受库兹涅茨思想的影响，他们做了整套的建设设计，帮助当时的台湾地区在经济上实现了从无到有。在此之前，台湾地区的经济及社会发展靠的是"三民主义"思想的指导，但那个阶段的经济改革其实也是根据库兹涅茨的思想在做，尽管库兹涅茨还没有到台湾来当顾问。"三民主义"里面有多种思想成分，包括运用国家贷款、国家保证信用等，有步骤地将财富吸纳进来、释放出去，使私人的资本主义一步一步按照国家的规划开展。再到20世纪90年代邓小平的"南方谈话"，与台湾的经验也有相似之处。中国大陆经济走的路线其实是库兹涅茨思想的延伸，所以这就是一个两边都可以用的工具，台湾的经验资本主义国家可以用，大陆的经验社会主义国家可以用，就看怎么个用法。但台湾地区在利润分配上并没有做到完全合理。台湾地区的口号是把饼做大，大家都富了，大家都可以分一点。中国大陆也是这个观念，让一部分人先富起来，然后让大家都富起来，这是库兹涅茨思想的延伸，这不是一个坏主意。是由国家强力操纵，还是国家能以劝说的方式、使用民主的程序取得大家的共识、得到全民的支持，以实现分享、共享？这个牵涉到社会制度及其选择的问题了。

全球化与科技问题

库兹涅茨的想法不仅在中国台湾地区实践，也在若干其他的二流国家实践，帮助这些国家快速跃升至一流，同样也获得了利润。韩国、越南、印度、加拿大都是如此，但加拿大由于受了英国的限制，它有自己的体制，因此做得不是很彻底。德国是坚决地、很有计划地实行计划经济。计划是以货币做杠杆，以信用做杠杆。所以新的世界格局就变成美国要面临许多突然蹦出来的、从穷国家演变来的富国家，而第一个威胁就是日本的快速崛起。20世纪80—90年代，日本发展到了巅峰状态，世界无一处没有日本的车子，无一处没有日本的百货公司，但是日本还是被美国打压下去了。美国军队驻在日本，于是美国用非常残忍的手段打压日本，日本没有讨价还价的余地。美国叫它货币贬值，它必须货币贬值；让它货币升值，它必须货币升值。日本的优势由此被完全打掉，日本的科技优势被美国掠为己有，然后与美国经济嫁接在一起。日本的车子大部分都在美国生产，没有日本的利润了，东家也变成美国了。日本的例子证明，在美国的强烈干预之下，美国可以达到其目的。

第二次实验是在中东地区都跃跃欲试想依仗石油资源建立新的国家之时，美国就制止它们。于是当这些地区想要创造新的伊斯兰教世界的力量时，就成了恐怖分子。美国根据“9·11”的经验，认定这种势力必须要强力压制，于是美国联合欧洲跟中东打仗，打了25年的战争。欧洲打得稀巴烂，美国也打得一塌糊涂，消耗了美国不计其数的军力和财富。美国之后每次遭遇大的灾难基本上都与这次军力和财富的消耗有相当大的关系。

美国在20世纪70年代高呼经济全球化。WTO（世界贸易组织）是美国创造的，是美国劝说其他国家加入的。现在美国第一个退出，第一个站出来组织区域性的合作来抵制全球性的合作，它懊悔了。随后，美国用其独强来压制其他国家，欧洲国家被压下去，只有英国被美国拉了回来。因为英国穷得一塌糊涂，离不开美国。随着科技的发展，美国也要做科技成果的独占者，谴责人家攫取美国的利润。一看到科技发展的果实，美国就去极力抢夺。这场科技间谍战，其激烈程度比军事间谍战有过之而无不及。

美国没有反省自己的问题。美国国内的实际问题是，在国家权力越来越强大的时候，“财富的大手”越来越想伸进来。特朗普上台就是“财富大手”伸进政坛的典例。他呼吁自由、完全的财富控制权。特朗普是无知的“独裁者”。有知有能且有野心的独裁者是可能做出很有用的事情的，而无知无能还想做事情，那就是要闯祸的。而美国的制度是卡来卡去，各种权力互相抵制、互相制衡，通过任何法律去解决都没有办法立竿见影。

此外，美国文化中的独立精神使得国家权力无法集中，也使得温和的社会主义者在劝说的过程之中要面临许多不同对象，他们没有一个统一的立场可以使每一家都接受。我有独立的精神，我不属于任何团体，我只对自己负责。争取权利是上帝给我的特权，我不惭愧，我得到多一点理所当然，我失去一份就要全力拼回来。权力的分配、财富的分配就面临独立精神、自由主义来回地比较和审问，无法正确地推进，这个是相当吊诡的事情。自由主义是多美好的字眼，可现在每天都在被误用，这是叫人非常难过的事情。上帝给你自由，是叫你不受封建的约束。上帝给你自由，是叫你在暴力之下要全力反抗。上帝并不是说你可以自由地去剥夺人家，只享受而不付出，只索要而不给予。更坏的是得到的人却觉得理所当然。

美国罗斯福新政以后，再经过约翰逊总统任期，整个社会确实积累了相当多的财富，估计三分之一左右的财富是用来接济贫困人口的。社会福利方面，中产阶层是贡献最大的一部分。因为大财主不领薪水，交税交得最多的是按薪水交税的那些人。最穷的人获得的福利分配总数是最大的。虽然每个穷人得到的个人份额很小，但总数很大。得到这微薄利益以后，这些穷人居然就不想上进了。给他们上学的学费，他们也不还，不好好学。美国大部分人都是高中以上文凭，但高中毕业生里面，容许我说句不好听的话，有些人真是不上进，这个不能怪他们。美国拿他们当奴隶几百年，使他们独立自由的能力都没有了，所以他们多得到一点点钱就觉得够了——我不需要再努力了，所以我不上工。你们能想象美国有980万份工作需要人做，但有1200万人脱离生产吗？除了福利因素以外，近来因为通货膨胀，国家给每个穷人发了500美元的救济券。这笔救济金加上本来的福利收入，使得1200万人可以不去找工作。这就使得美国的国家竞争力完全没有办法发挥。

进一步想象，因为没有人工作，我们要更快地走到人工智能时代。等到有一天，“美丽的新世界”终于到来，才发现那个美丽新世界其实一点也不美丽。每一个人都坐在家里等着机器人服务，所有的事都是机器人在帮你做，到那一天是人类真正毁灭的时候，今天的前瞻并不如何美好。

接下来讲美国面临的历次国际竞争。历史上曾经有五个国家和地区接近过美国的实力，但最后都被美国打压下去了。日本被压得最惨。为什么它们的挑战都没有成功，而美国却对现在的中国这么惧怕？理由很简单，这五个国家和地区，包括欧盟、日本等，它们的体量跟美国没法比，无论是经济体量、人口数量、可用的资源能力都不能比。所以日本、德国等挑战美国都不成功。苏联不成功，是因为斯大林留下的一个机制，这个机制是笨重的，各处自动自发的反馈机制是没有的，因为是明显不允许的。所以苏联跟美国的竞争在赫鲁晓夫时代败下阵来。

印度虽然也是个考验，但印度的问题在于其种姓制度。我们看到的受过教育、有文化、有能力在办事的印度人只占总人口很少的一部分。而印度当政者可以无视穷人过着与禽兽差不多水平的生活。街上的人饿死，他们无动于衷；死人在露天烧，烧得满天都是黑烟，病菌遍地都是，他们无动于衷；恒河里到处都是人的尸首、牛的尸首、垃圾，当政者也无动于衷。印度总理莫迪就是这种人，莫迪的人民党就是这种党，这个国家不可能动员全国力量来做好大事情。它始终是个奇怪的国家，但最大的怪事就是全世界没有一个国家谴责它藐视人权、对人这么不公平。反而有不少国家谴责中国，可是中国的情形跟印度不能比，这是非常吊诡的事情。

中国对美国是个考验，因为中国的体量足够大，所以中国是美国确实惧怕的。第一，中国立国的文化不是绝对的集权，也不是绝对的发散。帝制是不好的，官僚制度走到最后，文官官僚也会僵化。在帝制时代，回馈的压力是没有的。现代中国是从帝国体制演变下来的，有许多习气没有丢掉，所以这个是我们需要重点关注的。

第二，中国的最大本钱就是中国文化。儒家思想容纳了道家、阴阳家等，被董仲舒合并起来，形成一个大的感应系统，是一个大的网络，网络里各部分紧密联结，牵一发而动全身。中国的儒家思想每一次在修正自己理论的时候，实际上都撼动了大的结构，但是大家没理解它是如何撼动的。宋、明两朝，儒家理论的两次修改，逐步把主权放到个人心里面去。人有独立的良心，这独立的良心是天地给你的，你可以用它去抗衡帝权，抗衡不公，抗衡无道，抗衡财富，抗衡权力。依靠良知，大家结合在一起。过去的中国没有结合在一起，因为更强调的是大的中国的概念。但结合的例子有吗？有，即社区性的、社团性的结合。

中国的家族是个小共同体。大的家族里成员要对家族作贡献，给和拿都要做，这是理所当然的。富人要把这个责任扛起来，穷人有权利分得富人财产的一部分。像我的家乡无锡就是一个社团性质很强的地方。我们每个大的家族都有祖产，祖产都可以用来给小孩子教育费，给寡妇生活费，给女孩嫁妆，给小孩出去读书、考科举的钱，给要出去做买卖的人本钱。分配的依据是家族大小和共同体拥有的财富。实际上由于人员众多，大家分到的利润最后是差不多的。因此，家族共同体是一个例子。第二个例子是社区。我的家乡无锡就是个社区。上百个大家族、中等家族合起来管理这一个城市、管理城乡。里头的养老，救济贫困，救济寡妇、孤儿，修桥补路，失业者的安置等事宜，都由城里的士绅共同商量决定。士绅团体是怎么出现的？没有投票，凭才能，凭口碑，大家说我们委托他，我们请他帮忙。中国用刚刚讲的家族跟社区这两个共同体结合起来抵抗帝权，抵抗文官的腐败和制度瘫痪。中国在抗战时期，实际上是靠无数的小的独立的社团和社区，使得日本人无法打散它。它打散了上海，打不散内陆，它打散了沿海的工业，打不散内陆的产业。

中国未来发展难题及方向

人口问题

首先可能遇到的难题是人口问题。人口问题是现在全球性的问题。全球人口最多的两个国家是中国和印度。印度人口的自然淘汰率和死亡率很高，平均寿命之低是无法想象的。还有一个大的人口问题是在非洲。非洲人口问题以及三分之一印度人口的问题，是将来世界人口最大的难题。对于中国人口来说，中国能不能实现粮食自给是非常重要的事情，此外还应当有余力去“喂饱”其他的人。中国现在粮食总体上自给，但也有隐忧。从全球来看，很多地区的土地资源没有得到合理的开发和利用。最大一块没有合理利用的土地在非洲。中国的土地使用几乎到了极限。俄罗斯的西伯利亚地区有相当的土地并未得到合理的利用，虽然气候寒冷，但地下的矿产资源丰富，且在现代科技（如大棚种植技术）的帮助下，相信这块土地也可以种植出粮食。中东也有大片土地没有利用，尽管土壤品质不太好。欧洲可用的土地并不太多。美国的土地还有进一步开发的空间。因此，全球各国应该更加合理高效地开发土地。一要用农业高科技缩短农作物的生长周期，二要实现粮食高产，三要节约用地。可以考虑利用太阳能将水从地下深处抽取上来，在地下室内进行生产种植，人工控制光线、温度、灌溉和施肥。

我觉得中国这十年来最可惜的是随着城市化的进展，很多农村的优质土地被城市征用了。2010年左右我去浙江省湖州市吴兴区看考古遗址，看到那一片土地全部变成水泥地，下面埋着水管、电线等，我真的要哭了。太湖边上的吴兴的土地和无锡一样是最好的农耕地，天下再没有比这更好的农耕地了，温度、湿度和土质均十分适宜农作物生长。四川的土地也是一样，因城市化被毁掉，这是真的可惜。我衷心盼望将来大家不再一味发展大型城市，大型城市往往大而无当。可以发展许多中型城市，用快速交通连接，城市之间留下农耕地，这要好得多。中国在新的绿地的培育和开垦方面做出了伟大成绩。新疆沙漠、内蒙古戈壁的开垦都是十分了不起的，我佩服。但森林地、水边的沼泽地等应该留下，保护起来，这对全球气候平衡、维持中国自己的粮食供应都是有用的。

知识与智慧的问题

下面我要讲到知识与智慧的问题。中国的“感应”思想，包括人跟社会、人跟群体、人跟天下、人跟自然、人跟宇宙之间的互相感应。这个感应思想能够（也应当）代替当今西方基督教神与人分离的思想。在基督教的思想中，神不跟人在一起，被神赋予权利的人是有权者、有财者，他们和神靠近，普通人则是被打压下去的。神不允许人有知识和智慧。但事实上知识是把双刃剑，一边是杀人的剑，一边则是救人的手术刀、生产工具里的镰刀锄头。人的知识是无穷的，可以无尽开发。开发者应该心怀的是为人，是为全体，是为人间，是为世界。我在《中国文化的精神》那本书中主要讲的是人的“良心”是自己的主人，可以帮人挡住诱惑、挡住误用、挡住无理，这是人自己应该做的事。修己以安人，心有余力要安他人，从你附近的人“安”起，从亲戚家人到邻居，从同胞到百姓，乃至全人类。这是中国文化精神的可贵之处，与西方文化中只谋求自己所得应得、不懂给予和回馈的思想是完全不同的。

基督教里面有一个实用学术是了不起的。一个法国的考古学家、古生物学家，也是一个神父，叫德日进（Pierre Teilhard de Chardin），他在中国做了一辈子考古研究。他在研究古代生物的演化以及古代人类的过程中，接触到了中国民间弥漫的“感应”的想法，写出了一本书叫《人的现象》

（*The Phenomenon of Man*），现有的两个中文翻译版本都翻得不太好，我盼望国内有高手可以将这本蕴含无穷智慧的书好好翻译。他说人被贬出伊甸园，要到外面去修行。修行的过程是从无到有，一步步从禽兽修行到人，最后回头回到Ω（希腊字母表的最后一个字母）。最终，这个Ω回到α（希腊字母表的第一个字母），回到上帝，也就是说人也就变成神了，神有责任救济全世界。德日进最后被法国教会叫回法国监禁了一辈子，不许授课、写文章。他是了不起的人物。

附　录

比较中国历史上的领袖

秦始皇与唐太宗

先以秦始皇和唐太宗做比较。秦始皇是个全然的法家信徒，他非常欣赏韩非，后来因听信李斯的谗言，将韩非关入死牢，但仍时常派人到监狱里问取韩非的意见。李斯是很重要的制度创始者，中国几千年的帝制可说是始建于李斯之手，然而秦始皇不信任他人，也不信任授权的功能，故秦朝的制度是完全的中央集权，且权力皆集于秦始皇一人之手。

秦代设有监察御史之职，其权能的过度扩张致使考核多于执行与决策，决策者为秦始皇一人，执行者为天下之官吏，而考核者则是监察御史，故秦朝的政治情势到终了时

“赭衣半途”，满街都是假释犯。秦始皇并不了解授权的功能，他纯粹以法家的方式治理政务。唐太宗与秦始皇对比，唐太宗其实并非一位品行好的皇帝，但他对决策—执行—考核的分工流程非常清楚。他执政之初，即招揽一批文人帮助他制定策略，在争夺天下的过程中扫平群雄。他体会到个人的力量必然不足，必须集合众人的智慧才能成就大事。“房谋杜断”，是说房玄龄心思细腻但优柔寡断，而杜如晦是气魄宽宏、眼光敏锐的人，唐太宗就是靠这批人才的帮助做设计与决断。更重要者，唐太宗还有一名谏官魏徵。唐太宗的考核工作不仅做到考核他人，并善用魏徵来考核自己的得失，他的做法较符合儒家以“仁”为基础的管理方法，所以能造就“贞观之治”的太平盛世。

再以秦始皇与唐太宗用人的态度来做比较。秦始皇荡平六国，六个国家都不是小国，也各有人才，却没有任何降臣降将任用于秦朝廷之中，也无任何地方官吏是前朝遗留的。虽然秦国在立国之初曾招揽天下豪杰，然而至秦始皇时代，天下人才大约只任用了七分之一，剩余七分之六的人才都搁置不用，所以引起相当多的怨怼，以至于陈胜、吴广揭竿而起，天下就沸腾了。如今很多企业合并其他企业之后，被合并的公司留下来的人才非常少，即令有留任者，多半挽留一两年，待业务熟悉后随即将之遣散，这就如同秦始皇的做法。唐太宗则不然。隋文帝、隋炀帝时即已开始任用南朝的人才，而唐太宗则更无南北的界限，对南朝的人唯才是用，这一点是秦始皇所无法与之相较者。

曾国藩与诸葛亮

再以诸葛亮与曾国藩相较。诸葛亮是中国历史上几近完美的政治人物，《三国志》的作者陈寿评诸葛亮“将略非其所长”，结果陈寿被后世责骂了一千多年。诸葛亮是中国历史上我们几乎无法触及的完美人物，曾国藩则是近代史上的优秀人物之一，姑且不论他是否应该攻打太平天国，他挽救了濒临灭亡的清朝，在他的带领下，几乎瘫痪的清朝军队制度、政治制度、地方制度、税收制度都开创了新的局面。而他的手下左宗棠、李鸿章、沈葆桢等，都是中国接受现代化的科学技术、管理制度、政治制度最主要的领袖。

诸葛亮和曾国藩的不同点在于继承人的栽培。诸葛亮是了不起的政治人才，他还未出山前就看清了天下大势，其实他很明白蜀汉无法中兴，它所领导的根据地不够，荆州失陷之后，蜀汉就更没有复兴的希望了。诸葛亮对这些看得很清楚，但他“逆天行事”，硬打下了三国分立的局势。然而他在培养接班人的工作上则做得不理想。诸葛亮用人无地域偏见，他将“荆襄集团”与巴蜀人物并用，而他所培养的接班人，《前出师表》所提及者，一半以上后来确实担任了他所期望的职务，包括蒋琬、费祎、姜维，都相继接下领导蜀国的责任，然而衡量这三个人才，却无一是真正的栋梁之材。诸葛亮一生谨慎，这三人也正因其行事谨慎而受重视，但诸葛亮除谨慎细心之外，还有敏锐的观察力与广博的眼光，而这些人却远逊于他。这是他观察错误之处，忽略了一旦环境改变时，他们没有独到的眼界便无从发展。他晚年所培养的姜维，确实有气魄、有热诚、有眼光，但缺乏谨慎细腻。诸葛亮布局错误，倘若能以有眼界、有气魄者为接班人，再以谨慎细心者辅佐之，或能避免他死后令人棘手的难局。

曾国藩因告丧返乡，后来以湘军一旅之众开创出天下新局，湘军的将领均出身曾国藩的门下，皆是儒生，武将出身者并不多。在这一过程中，湘军诸人就是靠彼此之间的归属感而结合为共同体的。等到创出局面后，曾国藩便着手栽培接班人。左宗棠“才”大气粗，但非常傲慢，而曾国藩愿意栽培他，给予兵饷，给予发展的机会，使他有机会从浙江、福建打出新的天下。曾国藩的幕僚之中人才济济，而李鸿章，除好吃懒做外，没有其他特长，但曾国藩却看出他目光敏锐，对问题的判断能一针见血、正中要害。所以曾国藩常责骂李鸿章，折他的骄气，另一方面却训练他，与他讨论策略。曾国藩所栽培的人才，是中国近代化过程中的领导者，甚至到今日仍有所影响。现今的财经人物，追溯其源流，是自曾国藩一脉而下的技术官僚管理系统。整体而言，对中国贡献着实不小，这些人才都是在栽培接班人的过程中相继被训练而成的。

李广与程不识

接着举李广与程不识之例来谈分权、授权之系统化。李广与程不识均为汉初名将。程不识，除学历史的人之外，一般人较少听说。当时二人齐名，李广是如今河北省的太守，程不识是今山西省北部的太守。李广的部属中有许多奇才异能之士，而李广训练部队用恩不用威，完全以个人感情去接纳、信任、教导部属，因此每位将领都与他私交甚好。作战时，他的行军布阵采取自由作风，不拘一格。他所带领的骑兵非常精良，以机动性代替当时中国传统的行军布阵，所以李广的部队常获大胜，即使军力比匈奴薄弱许多，也常能反败为胜。他曾在战争中被匈奴俘虏，而在被俘虏的途中竟能逃脱出来，带领部队再次予匈奴以反击，是一世之才。但他时运不济，一直不得封侯，然而，即使如此，在历史上他仍是汉代第一名将。

反过来看程不识，他是非常严谨的将领，对部队进行最严格的训练，设立了层层级级的指挥系统，部队出战时，总是处于人不解甲马不卸鞍的戒备状态。他的军队以步兵为主，行军很慢，但很坚实。他从未让匈奴人得逞，却也从未大胜，是个稳重的将领。李广、程不识曾相互对调彼此的军队，结果程不识所到之处旌旗变色，而李广所到之处则活力充沛，这两支部队是汉朝戍守北边最有力的军力。这两个例子代表两种极端的指挥管理典型，各有所长，也各有所短。一是无赫赫之功，但也不致失败，另者则非大胜即大败。李广本身虽无大败记录，但其孙子李陵依其方式则大败。故二者之间没有必然的好坏评断。就亲和力、团结力及对外作战的共拒性而言，李广军队的五千人可抵五万人之用，而程不识的一万人则永远是一万人，但也是绝对不致被打垮的铁军。程不识指挥军队的风格在汉朝延续了很长时间，故汉朝时“军中只闻将军令，不闻天子诏”。换言之，指挥的命令只能下达至第二级，无法至第三级以下，因此其部队非常坚实，但扩张性与活动性则受到了相当大的限制。这两类例证在中国历史上时而可见，具体言之：能居上风的时候，则是李广的军队较易成功；平常时候，程不识的作风可以维持不败。最好的方法当然是适当地调和两种风格，但如何调和则又是另一门大学问。

汉光武帝与王导

再来谈汉光武帝与王导，一位是中兴的皇帝，一位是偏安的宰相，但他们具有很多共同点。他们都曾收拾残破的局面。当王莽篡汉，天下大乱时，汉光武帝以太学生之身份逐渐开创出新局。当西晋失去北方时，王导流亡至江南，另立中央，亦即东晋。以王导流亡时的狼狈，后来竟能开创出数百年的安定与繁荣局面，着实是了不起的功劳。对比二人的做法，汉光武帝起家的过程中，从他年轻时住在南阳郡之时即可看出，由于是刘氏亲属，俸禄不高，社会地位也不高，但他招降纳叛，各类无处可去之人尽纳入门下。后来他成为皇帝，基于法律制度，反倒不随便包庇任何人，因为他以天下为己任，不仅具有招降纳叛的心量，同时注意到自己的天子责任，不再率性而行。

王导是北方士族琅琊王氏的后代，他流亡至江南，依靠他人的势力建立自己的国家，当时南北士族的冲突很激烈，王导致力于安抚本地力量，延揽地方人才进入中央政府。当时王导的哥哥代表北方士族的势力，用荆州的军队威胁中央，甚而起兵造反。王导大公无私地处分了他的哥哥与侄子，充分表现出他的责任感。这两个例子可以看到领导者平日的风格，在大局面前，责任重于一切，个人的性格与偏好都必须暂时割舍。

魏、蜀、吴三国的比较

最后以魏、蜀、吴三国为例。魏国后来虽由晋来承袭基业，但实际上魏国最早灭国，因其势力早已移转至司马家。蜀国，传统观念中一直被引为正统地位，其地域最小，机会也最少，却造成了三国鼎立的局面。吴国无中生有地开创了江南的局势，且江南六朝之繁荣，吴国可说具有相当的贡献。从用人与施政的立场来看，魏国与蜀国基本上以法家成分居多而儒家成分为少。但从用人的角度观察，魏国居天下四分之三的领土，蜀国在诸葛亮南征政策尚未成功之前，只占了四川盆地与汉中盆地的一小部分。以人口而论，魏国是蜀国的十一倍，但人才的使用上，魏不如蜀，因为曹操一直不信任他人，永远让人才彼此牵制，他只相信曹氏与夏侯氏的人，以至于没有他所信任的接班人，最终导致为曹操所不屑的司马家族接班。相对地，四川人口很少，但荆襄集团引进四川时，所用的文臣武将均是一时之选。四川的文化水准很高，当地人才也不少，诸葛亮结合这些人选，一时之间，以四川蕞尔之地抗衡曹魏。可惜诸葛亮只能找到二等人才，而未能找到头等人才，其中主要因素在于人才群的限制，如果具有与魏国同等的人口，则可用之人才必然不止于此。再者，诸葛亮虽然尽力抹平本地人才与外来人才的裂痕，但终究无法完全抹平，诸葛亮故去后，丞相府系统与益州府系统的人才一直没有交流，人才群已不大，又无法交流，于是造成严重的人才危机，无法训练出真正杰出的人物。所以，观察魏蜀两国人才群的大小及人才内部的界限，魏国是不愿寻找人才，而蜀国是族群太小而受限。

相对而言，吴国的人才并非一流，诸葛家族中，在江南的诸葛瑾是诸葛三兄弟中最平庸之才，但在江南却属头等人才。江南的文臣武将以气魄、能力论之皆无从与北方较量，较之巴蜀也为弱，而最后南朝的基础却源自吴国。所凭借者，是各地人才不分疆域与来历，皆一同晋用，且均有充分发挥的空间，因为吴国无汉朝廷的包袱，也无正统政权名称的压力，故而它发展出许多魏、蜀两国所不具有的制度、官职与做法。其武将皆是自我成长，其文臣也均有充分发挥的机会，不似蜀国有集团的冲突，也没有魏国的氏族界限，故孙吴一流人才的数量虽少，却造成人才鼎盛的局面。周瑜是位人才，可惜短命死矣，没有发挥的机会。综上，从人才发挥的机会与空间不同可看出三个不同的例证。

我的学思历程：在台湾大学通识教育论坛上的讲话

我看过前几位演讲者的记录，大概是回忆自己念书的过程。今天我除了跟各位聊聊我念书的过程之外，还想谈谈自己成长的过程。我觉得自己念书的过程，并不是一个正常的途径。我没有上过高中以前的学校，我一开始念的就是高中一年级，因为抗战时期我没有办法上学。抗战时期，我的手脚状况比现在还要不如一些，根本没有办法在重庆崎岖的山地上走路，而且有很长一段时间，在逃日本人的追兵，从一个县到一个县，每年大概逃两次难，根本没有停下来的时候。

我的双胞胎弟弟许翼云，十一岁就住在学校里，他所上的住宿学校并不是今天有宿舍的学校。抗战时期的中学生生活很艰苦。他们必须要自己背着粮食与随身替换的衣服，步行到几百里外的学校住下来，有的学校甚至是在庙里。抗战胜利后，我回到故乡才开始上学。

我前面一段的学习过程是零零碎碎、断断续续的。我读的第一部书是武侠小说；我从八岁开始读武侠小说，一开始认识的字不多，到最后认识得差不多了。我到现在发音还是不准确，因为有很多字是自己琢磨出来的。武侠小说读完之后，奉父命读《史记》。这个途径也是不正常的，当时我读书主要是依赖姐姐们放暑假回来的时候教我，但是我很容易就忘了。上高中前，我根本没有英语、数学的基础。但是高中老师说我的历史、地理、语文程度都够，可以不用上其他课，所以我得到了特许，语文、地理、历史课的时候，我可以做数学题，没有人管我。虽然我可以看数学，但我还得听课，当老师问我课堂上的问题时，我也要回答，这可以说是一种相当奇怪的上学方式。

我在高三上学期的时候离开故乡无锡。离开以后，我知道我的三十个同班同学考上的都是排名前五名的大学。我的母校很开放，它让我在语文课的时候做数学，让我可以适性发展，甚至在暑假的时候我们还主动留下来补习，由同学轮番上去讲课。在高二的时候，我就跟同学讲数学，下了课又互相讨论，这样的学校我相信台湾的教育制度是不容许的。

我也可以不用上体育课，这当然是因为我身体的关系。当别人在上体育课的时候，我一方面羡慕，一方面也高兴可以有时间看自己的功课。其实我对化学也相当有兴趣，书本上的知识我学得不错，但是实验的时候我就不行了。我的手会抖，做化学实验是很危险的，这也是我不考理学院的重要原因。我弟弟读的是化工系，他的语文不比我差；我的化学、数学当年大概也不比他差。我这一辈子都没有死背过课文，在高中的时候也一样。我想很难再找到一个那么自由自在的学校以及让学生随心所欲的老师，这种教育制度在台湾可能是不存在的。但对我来说，这样的教育十分有用。

在台湾大学念书以及在美国攻读博士学位期间，有一些我至今非常感激的人和事，我的老师们对我实在很爱护，从大二开始，我常常都是一个人上课。有一门课在李玄伯先生家里上，他晚上六点钟派三轮车接我到他家里，除了上课之外还连带吃点心，这个待遇相当不错。在台湾大学我上李玄伯先生、董彦堂先生、李济之先生、林纯吉先生与劳贞一先生的课，都是一人班。在美国我上依利亚的宗教学也是一人班的课，没有上下课的时间，完全是看老师的时间，老师喜欢上课我就上课，他不喜欢上课那我就离开。在芝加哥大学读博士五年的时间，前三年也有四五门课是上一人班，现在这种待遇大概已经不容易存在了。所以我非常感激老师对我的特别照顾。说是特别照顾，其实也相当累，因为上一人班你连打瞌睡的机会都没有，进度比较快，要念的书就比较多。我这一生的教育使我常得到一些一般课上得不到的东西，到今天我仍然很感激这些老师。

我的父亲在清朝及民国年间都是海军将领，在抗战期间他东奔西跑，他的职务是走在前线的后面、后方的前面。而我也随父奔走日本，所以他也可以说是我的老师。他给我的教育就像英国式的全科教育。他教我做一个懂得历史的人，他教我战争史、地理学、政治学、外交与语文训练等，所以在跟随他的那段时期，我就好像有个全天候的老师，随时可以请教。他每天都会看战报，或从无线电里听大西洋战争的情形，然后他会告诉我，大西洋的海战在哪里发生、为什么会发生、双方的战争情况，等等，从中也教了我一些地理知识，所以我一直觉得自己的运气很好，不过这种机遇恐怕是因为我行动不方便才能得到，这是我特殊的幸运。

至于我为什么选历史，当然跟我早期读书的情形有关系。在我读完武侠小说之后，我父亲就指定我读《史记》，自此我对历史的兴趣就定了下来。又因为是在抗战期间，父亲非常注意战事，也给我看了许多古代战役经过的记载。他指定我读宋朝名臣的奏议，最后我还念了《东莱博议》，这些都是有关历史的文章，对我在历史方面的性向有极大的影响。此外，因为我高中就读的学校是在东林书院的旁边，东林书院的学风讲的是经世致用，例如如何防守边疆、怎样漕运等。东林书院的学风对我的中学老师有相当的影响，也因此我们在上语文、历史、地理、公民课的时候，老师讲的内容大多是那一方面的知识与议论，这使我耳濡目染，也确定了以后的研究方向。

1949年我投考台湾大学，投考的是外文系，其实这并不是我报的，而是方东美先生的夫人帮我报的。她认为我行动不方便，念外文以后可以在家里翻译原著，不用四处奔波，于是我就考了外文系，而且考得也不错，数学还考了一百分。

读了一个学期之后，沈刚伯院长、刘崇教务长（也是历史系的系主任），还有劳先生都说我历史读得不错，要我转到历史系，于是我就进了历史系。转入历史系之后，我觉得跟我自己的志愿比较符合，也比较快乐。

我在外文系一年之中也交了许多朋友，对这些老朋友我也不大舍得离开，所以就常常回外文系读书，不论选修或旁听，还是跟着同学一起上，例如英国文学史、散文、英诗等。而那时候历史系规定要选修考古人类学系的基本课，所以我在大学、研究所所学的可以说跨了四个系，有历史系、外文系、考古人类学系及一部分的中文系课程。在研究所的时候，几乎都是选人类学系的课。而那个时候研究所的名称为“文科研究所”，所以我硕士班的同班同学有中文系的陈恩绮、历史系的任长正，有好几个系的同学在一起上课。我从别系中也学到许多，我可以说撒网撒得很宽，有些有回收而且可以触类旁通，一些散在一旁以为没有用的知识，后来都有密切的关系。但是这种方式的学习是要付出代价的，我没有太多玩的时间。不过我本来就不能到处乱跑，也不能去追女朋友，剩下的时间只好看书。

那时候历史系有个小图书馆，里面的书有些是老师放在那儿的，有些被列为禁书，不知道怎么回事就落到我们系上。当时我们这些历史系的学生就可以利用图书管理员轮值的时间，光明正大地看禁书。我觉得这个机会很好，可以看到许多课堂上不许看的书或者是学校明文规定的禁书，这些书包括左派的书、翻译的小说等，是一个相当难得的机会。

在美国读书也有一个很难得的机会，我当时学的是近东考古学，最初注册的时候，他们看我行动不方便，于是安排我住在学生宿舍附近的一所神学院。这所神学院并不属于芝加哥大学，我是跟各式各样的宗教人物一起住在神学院里。我们那里有个不隔间的大洗澡间，晚上大家一起淋浴。我在那里洗了五年，也上了五年的神学课。因为在淋浴的时候大家都喜欢抬杠，聊到身体自然干了都还没结束。我们这一群人之中有犹太教的教士，有天主教的神父，有不同宗派的牧师，甚至有一两位和尚。我们在那个坦诚相见的时刻里，什么宗教问题都谈。我本来是一个基督徒，等到在神学院待了五年之后，我自己都不晓得是什么徒了。

我对历史的兴趣主要是跟社会有关，我认为读书应该跟人有关，而不是只钻研书本上的知识。我在芝加哥大学选了社会学的课程，社会学与宗教学有很密切的关系，也与历史学有互补的作用。等到写论文的时候，我又读经济学的课程。这可以说又是个乱撒网的做法。

至于真正历史系的课程，我反而选得不多，选课相当散漫。这也是芝加哥大学的好处，可以自己订学程自己订课表，没有人替你规定，你觉得可以了，就跟老师报告，然后写论文，等考试过了就可以顺利毕业。我们考博士学位，并不是仅由博士考生委员会来口试，而是贴个布告欢迎任何人来旁听提问，有点像是打擂台的方式。除了我的老师之外，对我有兴趣的老师也都会来，当时的老师其实大多是来帮我助阵，而不是来考我。其中还包括胡适之先生的一位老朋友，他已经退休了，对我蛮有兴趣，他说怕我考不过，来看看我怎么办。我这种撒网去读书的办法实在是上天给我的恩赐，不过我到现在写出来的文章还是乱七八糟、无法归类。但是，如果今天要我重新走一次这样的路程，我盼望还有机会能再扩大到其他的学科之中。

七八年前，我到香港去讲钱穆，讲完以后香港中文大学就把我从匹兹堡大学借调过去，于是每年我都会去半年，在这期间我一头扎入通识教育。香港中文大学的通识教育是以哲学系为主干的庞大阵营，里面有些课程实在非常专精。我有一位朋友陈天机先生，他曾在IBM（国际商业机器公司）做过资深工程师，他学的是电机学与控制学。他的想法与我的想法非常接近，于是我们就合开了一门课，谈有关人文科目与社会科学之间可以相互沟通的理念。

我们最早是讨论C.P.斯诺所写的书，就是《两种文化》及其续篇《再看两种文化》（*The Two Cultures and a*

Second Look: An Expanded Version of the Two Cultures and the Scientific Revolution）。在书中，作者其实是站在自然科学的立场来骂人文科学，不过他骂得相当公道。他说人文科学的学者实在不懂自然科学，而自然科学学者也不懂人文科学，人文科学与自然科学之间有一道鸿沟。他认为如果往这道鸿沟一划，人文科学就会吃亏，因为基本上最谨严的学问是在自然科学这一边。一般人在看这本书的时候，大多没有注意到作者偏心的那一面，我跟陈天机先生讨论到这一方面的事情，觉得这道鸿沟也许是可以跨越的。

开课之初，我们觉得自己学问不够，怕讲的内容不完全，动员了许多同仁一起帮忙，总共有十三个人。一堂课有四个老师在前面讲课，到最后大家都不知道在做什么，究竟是在对话，在念文章，还是在讲课？而且讲课时有广东话、国语交叉进行，甚至还会使用英文讲课，学生可以说学得蛮辛苦的。到后来我们觉得这样也不行，又重新规划，然后再开课。在这期间，这门课也刺激我重新思考一些问题。我们的课程名称叫“宇宙与人生”，宇宙的部分属他，人生的部分属我，后来这两年的课程内容出了一本书，由商务印书馆出版。

今年台湾联合报系文化基金会在台湾东海大学设立王惕

吾讲座，找我承乏。我觉得在香港的那门课蛮有意思的，今年我想再试试。我找双胞胎弟弟当我的对手，他是化工系的，我觉得这样不错，因为至少我们在沟通上不会有太大的麻烦。我弟弟从美国回来，两人每个星期在东海讲课，每次四个小时，这是我最近在学习的东西。我不但一面教还一面学，这是我学思历程中，最近正在进行的一部分。

我从八岁看《武当剑侠传》到今天，我学习的途径都是曲折而散漫的路线，没有归属也没有规矩，督导我的人都不强迫我走任何轨道，我很庆幸自己能有这么一个特殊的机遇。